cleevesmedia

Guido Wolf,
habilitierter Kommunikationswissenschaftler, ist seit 1990 als Unternehmensberater, Trainer und Coach tätig. Seit Gründung im Jahr 1998 leitet er conex. Institut für Consulting, Training, Management Support mit Sitz in Bonn.

Aus langjähriger Beratungspraxis in großen Unternehmen und Konzernen liegen vielfältige Erfahrungen zu den Themenfeldern Kommunikation und Dialog, Strategieentwicklung und Prozessmanagement, Qualitätsmanagement und Total Quality Management sowie Umweltmanagement und Nachhaltigkeit vor.

Seine Erfahrungen kommuniziert Guido Wolf in Publikationen, durch Vorträge, Kongressmoderationen und Workshops sowie im Rahmen von Lehraufträgen an Universitäten und Fachhochschulen.

Besuchen Sie Guido Wolf im Internet:
www.conex-institut.de
www.guido-wolf.de
www.axon-blog.de

Guido Wolf

VUCA. SINN. AGILITÄT

Navigationshilfen
zur Lösung alltäglicher
und nicht alltäglicher
Aufgaben in Unternehmen – 3

cleevesmedia

Guido Wolf

VUCA. SINN. AGILITÄT
Navigationshilfen
zur Lösung alltäglicher
und nicht alltäglicher
Aufgaben in Unternehmen – 3

Alle Rechte vorbehalten.
© 2018 cleevesmedia, Meckenheim.
Alle Veröffentlichungen – auch auszugsweise –
nur mit ausdrücklicher Genehmigung durch den Verlag.
www.cleevesmedia.de
1. Auflage 2018

Titelgestaltung: cleevesmedia
Titelschrift: Meta by Erik Spiekermann
Printed in Germany by Papedruck, Büren
ISBN 978-3-945182-18-5

Vorwort

Und damit sind es 3: Dies ist der dritte Sammelband, der ausgewählte Blogbeiträge meines «Axon-Blog» bündelt und bereitstellt. Abermals bedurfte es zunächst diverser Anstöße anderer und allen voran meines Verlegers Lutz Cleeves, um schließlich dieses Buch anzugehen. Zuallererst gilt also mein Dank all jenen, die mich mit wertvollem Feedback und inspirierenden Gesprächen ermuntert haben, «dran» zu bleiben.

Alle Beiträge wurden durchgesehen, redaktionell überarbeitet und nach Themenschwerpunkten neu geordnet. Daraus ergeben sich interessante Verbindungen zwischen den Blog-Posts, die seit jeher – ich habe das bereits an anderer Stelle verraten – eher assoziativ aufeinanderfolgen: Ich blogge, was mir gerade wichtig erscheint. Die chronologische Reihenfolge durch eine Anordnung nach 4 Themenschwerpunkten zu ersetzen zeigt, dass es bei aller Buntheit der Themen und Fragestellungen durchaus Kristallisationspunkte gibt. Diese finden sich in den Überschriften der 4 Abschnitte dieses Buchs wieder.

Ich wünsche Ihnen viel Freude und Inspiration bei der Lektüre. Sollte der eine oder andere Gedanke einen Anstoß geben, so wäre das Ziel schon erreicht: Das Axon als Teil der Nervenzelle ist zuständig für die Weiterleitung von Impulsen. Genau diese Absicht gilt weiterhin – für dieses Buch wie auch für den Axon-Blog.

Guido Wolf, im Dezember 2018

INHALT

I. Führung, Macht und Management

I.1 **Keine Macht für niemand.
Teil 1: Annahmen und Mythen rund um Macht und Hierarchie**
Die digitale Transformation wird immer wieder mit der Erwartung verknüpft, dass es in den Unternehmen bald keine Hierarchie mehr geben werde. Gerade jüngere Menschen verbinden mit dieser Erwartung große Hoffnungen. Was beinahe anarchistisch klingt, basiert jedoch auf einigen Fehleinschätzungen, wie ich zu zeigen versuche: Hierarchie lässt sich nicht abschaffen – aber sie muss vielerorts anders interpretiert werden. **> 20**

I.2 **Möge die Macht mit Dir sein.
Teil 2: Mit Hierarchie und Hierarchen umgehen**
Wir alle haben unsere Erfahrungen mit Hierarchen, die ihre institutionelle Macht als Raum für Statusgebaren und das Ausleben persönlicher Eitelkeit missbrauchen. Die Möglichkeiten, diese Persönlichkeitsdisposition ohne therapeutisches Mandat zu ändern, sind äußerst gering. Wer jedoch seine eigene Wahrnehmung hierarchischen Verhaltens weiterentwickelt, erschließt sich Potentiale für einen besseren Umgang. Und gewinnt Souveränität zurück. **> 26**

I.3 **Führungs-Fouls. Wie Führungskräfte Motivation zerstören**
Führungskräfte spielen manchmal Foul gegenüber ihren Mitarbeitern. Sie tun das durch unbedachte Äu-

ßerungen, durch Einfordern unnötiger Ausarbeitungen oder durch inadäquates Diskussionsverhalten. Sie kommen damit durch, weil sie ihre Position als Führungskraft missbrauchen. Das hat Folgen: unmittelbar finanziell wirksame Folgen wie auch mittelbar wirksame Demotivationseffekte. > 32

I.4 Bloß kein Kontrollverlust.
Die angstbefreiende Aufgabe der Allwirksamkeitsannahme
Angst vor Kontrollverlust scheint mir ein Motiv zu sein, dass nicht nur in Einzelfällen das Verhalten hochrangiger Führungskräfte prägt. Gerade in Kommunikationssituationen, die als «offen» propagiert werden, ist das Bedürfnis besonders hoch, jede kommunikative Äußerung vorherzusehen, um sie nach einem Drehbuch beantworten zu können. Dahinter vermute ich ein sehr starkes Motiv: die Aufrechterhaltung der eigenen Allwirksamkeitsannahme. > 40

I.5 Nicht in die Perfektionsfalle geraten:
Beta ist better
Neulich hörte ich den Satz: «Lieber unperfekt loslegen als perfekt warten.» Das trifft es, wie ich meine. Denn gerade für komplexe Veränderungsprozesse in komplexen Systemen wie einer Unternehmensorganisation gilt, dass eine perfekte Konzeption, die alle Eventualitäten, Risiken und Optionen vollumfänglich berücksichtigt, unmöglich ist. Wer sich einem inadäquat hohen Perfektionsanspruch unterwirft, bevor es überhaupt richtig losgegangen ist, kommt über die Konzeptphase kaum hinaus. Genau das ist es, was sich die Gegner einer Veränderung zunutze machen. > 44

II. Kontext, Ziele, Sinn

II.1 **Alles auf einmal so VUCA hier: Neue Lage oder neues Label?**
VUCA bzw. VUKA: Ein Akronym macht Karriere. Immer mehr Stellungnahmen zur gesellschaftlichen wie wirtschaftlichen Situation weisen darauf hin, dass die Rahmenbedingungen volatil, unsicher, komplex und ambig geworden sind. Dabei wird der Umstand, dass wir es insbesondere aufgrund der digitalen Transformation mit deutlich höheren Veränderungsgeschwindigkeiten zu tun haben, unzutreffenderweise auf die Rahmenbedingungen übertragen. Denn die sind schon immer VUCA gewesen. > 52

II.2 **Das Ganze im Blick: Kontext-Management**
In jedem Unternehmen kümmert sich jede Abteilung um «ihren» Ausschnitt des relevanten Umfelds. Dieser Kontext lässt sich nach verschiedenen Perspektiven aufspannen, die bei näherer Betrachtung in komplexer Weise miteinander in Wechselwirkungen stehen. Diese Wechselwirkungen sind jedoch ein blinder Fleck, wenn jede Fachabteilung lediglich ihre spezifische Sicht verfolgt. Was es braucht, ist ein cross-funktional getragenes Kontext-Management. > 57

II.3 **Zielvereinbarungen reloaded: Agilität und Kontext**
Ziele, Zielvereinbarungen und Co. gehören längst zum Allgemeingut des Managementwissens. Dennoch zeigen Blicke in die Praxis, dass es weiterhin Optimierungspotentiale gibt. Denn in höchst dynamischen Zeiten mit weiter zunehmender Veränderungsgeschwindigkeit bedarf es erhöhter Agilität. Soll dabei

nicht die grundsätzliche Orientierung verloren gehen, ist eine explizite Verknüpfung der Ziele mit übergeordneten Zwecken erforderlich. Diese finden sich in der Unternehmensvision bzw. in den entsprechenden Leitsätzen und Prinzipien. > 64

II.4 Sinn machen. Eine aktuelle Fundamentalkategorie aus wissenssoziologischer Sicht
«Sinn» ist in den letzten Jahren zu einer Fundamentalkategorie für Strategie und Management geworden. Dabei kann der Ausdruck sehr unterschiedlich verwendet werden. Gerade diese Vielfalt ist mir Anlass, einen populärwissenschaftlich weitgehend unbekannten, in seiner wissenschaftlichen Wirkung jedoch sehr weitreichenden Ansatz mit einer kurzen Vignette vorzustellen. Es handelt sich um den wissenssoziologischen Ansatz von Alfred Schütz, der «Sinn» als konstituierendes Merkmal von Handeln begreift. > 71

II.5 «Wolle die Wandlung»: Über die Sinne zum Sinn
Change bleibt viel zu oft wirkungslos. Das gilt insbesondere für die wirklich großen Vorhaben, die einen nachhaltig wirksamen Wandel der Unternehmenskultur anstreben. In heutigen Zeiten, die von einem weiter zunehmenden Veränderungsdruck geprägt sind, braucht es jedoch eine andere persönliche Haltung. Es gilt, Veränderung nicht nur als vorübergehende Episode hinzunehmen, sondern als permanent wirksames Momentum zu begreifen. Dies zu vermitteln ist nicht leicht. Zugänge über sinnliche Erfahrungen, die in angepasster Weise Genres aus der Kunst aufgreifen, können helfen. Die vermutlich radikalste, weil auf die größten Vorbehalte treffende Form dürfte Lyrik sein – Grund genug, genau damit zu experimentieren. > 77

III. Interne Kommunikation

III.1 **Management der internen Kommunikation. Teil 1:**
Der Stoff, aus dem die Unternehmen sind
Der Tenor in Mitarbeiterbefragungen beliebiger Unternehmen: «Unser Problem ist die Kommunikation»; «Hier wird zu wenig kommuniziert»; «Man kriegt keine Info». Allerorten findet sich die interne Kommunikation als ein Top-3-Problem. Die Kritik zielt jedoch fast immer auf die Kommunikation, die permanent ausgeführt wird, nämlich die Prozesskommunikation. Diese ist ein enormer Hebel zur Erzeugung von Effektivitäts- und Effizienzgewinnen. Werden aus den (leider sehr häufig berechtigten) Klagen die falschen Schlüsse gezogen, dann bleibt es lediglich bei Verbesserungen der Zentralkommunikation. Auch diese Verbesserungen mögen ihre Berechtigung haben, aber die allgegenwärtige Prozesskommunikation, in der es hakt, bleibt weiterhin sich selbst überlassen. > 84

III.2 **Teil 2:**
Ressource Kommunikation und die Rolle der Kommunikationsabteilung
Die gute Nachricht: Längst haben sich die Kommunikationsabteilungen, also jene Organisationseinheiten, die in den Unternehmen die Zentralkommunikation betreuen, professionalisiert. Managementansätze und -methoden sind selbstverständlich geworden, sodass die interne Zentralkommunikation als Organ der Unternehmensleitung und damit als wesentliches Führungsinstrument anerkannt ist. Sehr viel schlechter steht es um die alltäglich stattfindende Prozesskommunikation.

Diese harrt weiterhin ihrer Entdeckung als maßgebliche Ressource für Effektivität und Effizienz. Und die Kommunikationsprofis? Sehen sich nicht gefordert. **> 89**

III.3 **Teil 3:**
Ideale Verhältnisse in der Beispiel AG
Wie könnte ein durchgängiges und ganzheitlich aufgesetztes Management der internen Kommunikation aussehen? Was würde sich ändern und welche ganz konkreten Auswirkungen wären in der täglichen Praxis festzustellen? Anhand einer konstruierten Fallstudie, der «Beispiel AG», gebe ich Antworten anhand einiger ausgewählter Handlungsfelder. Die sind aus realen Projekten für namhafte Kundenunternehmen abgeleitet. **> 95**

III.4 **Ist da noch wer? Neue Zielgruppen für die interne Kommunikation**
Zunehmend werden «externe Interne» in den Prozessen und Projekten eingesetzt. Aufgrund erforderlichen Spezialwissens, das etwa für die Einführung neuer IT-Lösungen benötigt wird, binden die Unternehmen Menschen ein, die durchaus über längere Zeiträume mitwirken. Auch Lieferanten und sogar Kunden werden mindestens temporär eingebunden – und das alles auch noch global. Wie aber steht es um die kommunikative Versorgung der internen Externen? Kaum jemand bemerkt, dass hier Menschen agieren und kommunizieren, die gar nicht dem Unternehmen angehören. Und doch harrt diese spezifische Zielgruppe noch ihrer Entdeckung für die interne Kommunikation – was durchaus riskant ist, wie immer, wenn man Kommunikation sich selbst überlässt. **> 102**

III.5 Ohne Drumherum wird's schwer.
Warum kommunikative Verständigung auf geteiltem Kontext basiert
Es existieren ganze Bibliotheken und eine Unzahl von Trainings rund um die Fragestellung, wie sich «erfolgreich kommunizieren» lässt. Dabei geht es nahezu immer um die Optimierung der kommunikativen Oberfläche: um die Wortwahl, die argumentative Verknüpfung, um die nonverbale Unterstützung usf. Sträflich vernachlässigt bleibt der materielle und immaterielle Kontext, den die Kommunizierenden teilen. > 107

IV. Qualität, QM und Co.

IV.1 Qualität, Kommunikation und Kommunikationsqualität.
Teil 1:
Warum «Qualität» immer auch ein Resultat von Kommunikation ist
Ein Produkt oder eine Dienstleistung hat nicht einfach Qualität oder nicht. «Qualität» ist vielmehr ein Urteil, das sich ergibt aus dem Vergleich der Eigenschaften eines Produkts mit den kundenseits gestellten Anforderungen. Diesem Qualitätsurteil gehen vielfältige kommunikative Sequenzen voraus, deren Gelingen und Ergebnisübermittlung für die Beurteilung maßgeblich sind. Zugespitzt lässt sich daraus folgern, dass Qualität (auch) kommunikativ erzeugt wird. Dieser 1. Teil zeigt auf, an welchen Stellen besonders folgenreiche Kommunikationsprozesse stattfinden. > 114

IV.2 Teil 2:
Kommunikationsqualität

Prinzipiell gibt es vermutlich nicht viele, die der Aussage widersprechen, dass es die Kommunikation ist, die wie ein Treibstoff den Motor namens «Unternehmen» antreibt. Von da aus ist es nur ein kleiner Gedankenschritt hin zu der Annahme, dass die Qualität der Kommunikation relevante Auswirkungen auf die Qualität der Prozesse und Produkte, am Ende also: auf die Qualität des Unternehmens hat. Umso mehr verblüfft die allerorten anzutreffende Tatsache, dass es keine Funktion gibt, die sich professionell um die Kommunikationsqualität bemüht – auch nicht jene Bereiche, die die «Kommunikation» in ihrer Organisationsbezeichnung führen. ❯ 119

IV.3 Teil 3:
Agilität – Qualität – Kommunikation

Agilität: Es gibt kein Entkommen. Obwohl eigentlich gar kein besonders neuer Ansatz, wird seit etwa 2 Jahren praktisch in jeder strategisch motivierten Diskussion Agilität als notwendige Voraussetzung für zukünftigen Erfolg angesetzt. Das ist durchaus plausibel, denn spätestens die Herausforderungen der digitalen Transformation verlangen von den Organisationen schnelles und bewegliches Agieren. Diesen Herausforderungen müssen sich auch die in der Praxis verfolgten Ansätze zu Qualität und Qualitätsmanagement stellen. Das aber bedeutet auch, dass die Ressource namens Kommunikation zum Gegenstand professionellen Managements werden muss, soll der Unternehmenserfolg nicht dem Zufall überlassen bleiben. ❯ 125

IV.4 **Measurement & Management:
Der Zahlen-Bias:**
Nicht nur im Qualitätsmanagement hat sich längst die Erkenntnis durchgesetzt, dass es eindeutig definierter Kennzahlen bedarf, um eine Organisation, einen Prozess, ein Projekt oder was auch immer steuern zu können. Zahlen und Daten durchdringen mittlerweile alle Lebensbereiche. In einem nie gekannten Ausmaß positionieren wir uns und andere anhand von Scores, Rankings, Likes, Sternchen und Noten. Die vielfältigen Auswirkungen auf unsere Gesellschaft erörtert ein im Jahr 2017 erschienenes Buch des Berliner Soziologen Steffen Mau. Vor diesem Hintergrund weise ich auf Risiken hin, die sich aus dem aufkommenden «Regime des Quantitativen» für Unternehmen ergeben. **> 130**

IV.5 **Silberhochzeit:
Eine Zwischenbilanz zu Qualitätsmanagement und Managementqualität**
Wie steht es um Qualität und Qualitätsmanagement? Das Spektrum reicht von exzellenter Qualität bis zu ignoranter Ablehnung. Eine persönliche Zwischenbilanz zum persönlichen Jubiläum. **> 135**

Letzte Worte
Der axon-Newsletter und seine Zitate **> 140**

LOS

FÜHRUNG, MACHT UND MANAGEMENT

I.1
Keine Macht für niemand. Teil 1: Annahmen und Mythen rund um Macht und Hierarchie

Neulich mit mir im Raum: rund 60 Expertinnen und Experten für interne Kommunikation. Wir gehören zu Unternehmen, Agenturen, Beratungsgesellschaften und anderen Organisationen. Ein eloquenter junger Mann referiert soeben über die Auswirkungen der digitalen Transformation auf Unternehmen und deren Führung. Seine Darlegungen gipfeln in der These: «Die größte Errungenschaft des digitalen Wandels besteht in der endgültigen Abschaffung von Hierarchie!» Ein Murmeln unter den Zuhörern setzt ein, das mir überwiegend zustimmend vorkommt, bejahendes Nicken ist zu beobachten. Überrascht schaue ich mir den jungen Mann an: Sollte ich so viele Jahre nach wilden Studienzeiten mal wieder einem Anarchisten begegnet sein? Mitten im Business? Und was heißt hier nur einem: Angesichts der zustimmenden Resonanz scheinen nicht wenige um mich herum ebenfalls dazu zu gehören. Dank digitaler Transformation ist die Revolution also schließlich doch noch angekommen. Keine Hierarchie mehr – keine Macht für niemand?

Um es vorweg zu nehmen: Ich sehe weder Möglichkeit noch Notwendigkeit, Hierarchie und ungleiche Machtverteilung in Wirtschaftsunternehmen abzuschaffen. Daran wird auch eine wie immer geartete digitale Transformation nichts ändern. Ändern wird sich – und muss sich – allerdings durchaus Wesentliches: nämlich die Art, wie Hierarchie und ungleiche Machtverteilung zur Wirkung gebracht werden. Ich komme darauf zurück.

Zunächst sei noch kurz der gedankliche Faden in Sachen anarchischer Gesinnung weitergesponnen. Ernsthaft glaube ich natürlich nicht, dass sich der besagte junge Mann gründlicher mit anarchistischen Gesellschafts- oder Wirtschaftsentwürfen auseinandergesetzt hat. Ebenso wenig gehe ich davon aus, dass auch nur einige der Hierarchieablehner das Zitat erkennen, das in der Überschrift zu diesem Beitrag steckt (es zitiert eines der berühmtesten Stücke der zuweilen als Anarcho-Band gehandelten «Ton Steine Scherben» mit ihrem damaligen Sänger Rio Reiser). Anstelle ideologisch gegründeter Positionen vermute ich hinter den Aussagen den tiefen Wunsch nach selbstbestimmter Arbeit und persönlicher Entfaltung.

Dass dieses Anliegen oft an enge Grenzen stößt, liegt meines Erachtens nicht daran, dass es Hierarchie gibt, sondern primär an der Art, wie Hierarchie interpretiert wird. Einige der anzutreffenden Annahmen zu Hierarchie und Macht seien näher erörtert, wobei es auch an dieser Stelle des Hinweises bedarf, dass ich in meinen Blogbeiträgen nicht den Anspruch einer wissenschaftlichen Abhandlung erhebe.

Hierarchie als Erfolgsverhinderer in der digitalen Transformation?

Von der Überwindung der Hierarchie singt manche Strophe der digitalen Transformations-Folklore. In der Hauptsache lassen sich 2 Argumentationsansätze identifizieren.

1. Das Flexibilitäts- und Geschwindigkeitsargument
   Durch den digitalen Wandel veränderten sich Märkte und ihre Rahmenbedingungen rasend schnell. Das erfordere flexible, temporeiche Reaktionen von den Unternehmen. Dort, wo man Hierarchie über komplexe Berichtslinien

und verschachtelte Gremienlandschaften ausübe, werde man nicht Schritt halten können.
2. Das Rekrutierungsargument
Allerorten brauche man geeignete junge Nachwuchskräfte. Doch die als «digital natives» besonders umworbene «Generation Y» folge anderen Werten, Bedürfnissen und Lebensentwürfen als den bisher bekannten. Bei aller Individualität sei ihnen eines gemeinsam: die Ablehnung von Hierarchie. Gerade die von stark ausgeprägter Hierarchie geprägten Unternehmen würden deshalb bei der Rekrutierung scheitern.

Die Annahmen, die den beiden Argumentationsansätzen unterliegen, sind zunächst nicht von der Hand zu weisen: Ja, es gibt rasend schnelle Veränderungen, und ja, junge Nachwuchskräfte werden dringend benötigt. Doch beides spricht nicht grundsätzlich gegen Hierarchie. Denn einerseits können auch stark hierarchisch geprägte Unternehmen sehr flexibel und rasch reagieren – man denke nur an inhabergeführte Mittelständler, die es als Spezialanbieter (fast immer in b2b-Märkten) bis in die Liga der (heimlichen) Weltmarktführer geschafft haben. Und auch das Rekrutierungsargument greift nur sehr eingeschränkt: Erfolg zieht offensichtlich an, selbst dann, wenn ein Unternehmen in der «Provinz» ansässig ist. Zumal eine genauere Befassung mit der ach so anderen Generation Y und ihren Nachfolgern schnell erweist, dass es allzu ausgeprägte Unterschiede zu den älteren Generationen doch nicht zu geben scheint (mein Blogbeitrag aus dem Jahr 2014, der sich mit dem Thema befasst, findet sich hier: *https://axon-blog.de/generationsgerecht-fuhren-oder-generationsubergreifend-kooperieren-21/*).

Start-up als Lernmodell?

In ihrer anti-hierarchischen Gestimmtheit bemühen die Gegenentwürfe Ideen, die (angeblich) in Start-ups verwirklicht werden. Doch die aus manchmal selbst erlebter, zuweilen auch nur weiter erzählter Praxis gewonnenen Glaubenssätze entpuppen sich schnell als wenig geeignet, um die Möglichkeit hierarchiefreier Wirtschaftsunternehmen zu belegen. Einige Irrtümer:

> Hierarchie ist kompliziert
> Stimmt nicht. Es ist genau anders herum: Hierarchie macht Situationen unkompliziert und reduziert Komplexität – erst recht dann, wenn sie offen und transparent ausgeübt wird. Wir sollten uns hierzu vor Augen halten, dass Hierarchie vermutlich schon immer auch optisch-räumlich herausgestellt wurde. So tragen die Machthaber bestimmte Kleidungsstücke und führen symbolträchtige Objekte mit sich, die ihre Singularität betonen; oder sie nehmen einen erhöhten bzw. anders herausgehobenen Platz ein; etc. Ob wir das begrüßen oder nicht, all das trägt immer auch zur Orientierung bei: Wenn wir irgendwo neu sind, wissen wir aufgrund solcher Indikatoren ziemlich schnell, wer «hier was zu sagen hat».

> Hierarchie bedeutet Geschwindigkeitsverlust
> Es trifft nicht zu, dass hierarchisch geprägte Unternehmen «langsam» sind. Aufwendige Abstimmungs- oder Koordinierungsprozeduren, die gerade in Notsituationen wertvolle Zeit in Anspruch nähmen, werden erheblich verkürzt. Es lassen sich zahlreiche Beispiele dafür finden, dass gerade in autoritär geführten Unternehmen der Zeitbedarf für Entscheidungen besonders gering ist. Wobei mindestens ebenso viele Beispiele verdeutlichen, wie problema-

tisch es werden kann, wenn Entscheidungen zu schnell getroffen werden – ob in stark hierarchisch geprägten Unternehmen oder in solchen, die als weitgehend hierarchiefrei gelten. Aber das ist ein anderes Thema.

> Hierarchie wird mit Umgangsform verwechselt
> Sich zu duzen reduziert durchaus Distanz und senkt Zugangsbarrieren. Doch allein durch das Duzen, womöglich verbunden mit einem einheitlich-lässigen Kleidungsstil, wird Hierarchie keineswegs abgeschafft: Sie wird lediglich weniger sichtbar, wird intransparent, heimlich und informell. Das macht sie durchaus nicht weniger wirksam, aber man riskiert, dass der Diskurs darüber tabuisiert wird. Kann man das wollen?

Ich bleibe dabei: Solange unsere Gesellschafts- und Wirtschaftsordnung weiterbesteht, werden Hierarchien in Wirtschaftsunternehmen nicht abgeschafft. Auch nicht durch digitale Transformation. Denn Entscheidungsmacht wird dort unterschiedlich verteilt sein, wo es Eigentümer – in Aktiengesellschaften: die Aktionäre; in GmbH's: die Gesellschafter – gibt. Schon aus den zugrundeliegenden rechtlichen Rahmenbedingungen leiten sich unterschiedliche Entscheidungsbefugnisse ab, die kein noch so digitales Geschäftsmodell aufzuheben vermochte.

Gegen den Automatismus «Digitalisierung = Abschaffung von Hierarchie» spricht außerdem, dass Digitalität den Wandel hinsichtlich der Interaktionskanäle und -medien beschreibt, nicht jedoch die Ordnungsprinzipien einer Organisation. Solche sind beispielsweise die funktionale Organisation (wie sie allerorten anzutreffen ist), die prozessorientierte Organisation (die häufig eher behauptet als tatsächlich realisiert wird) oder die projektorientierte Organisation. Mir ist klar, dass sich digitaler Wandel auch auf die Struktur von Organisationen auswirkt, aber digitaler Wandel selbst kann nicht als Organisationsform gelten. Und wenn mir jemand mit «Agilität» kommt, was neuerdings modern geworden ist: Agilität ist eine Arbeitsweise, die weder als Organisationsform noch als hierarchiefreie Zone gelten kann.

Ich meine jedoch durchaus, dass es in vielen Unternehmen einer anderen Art des Umgangs mit Hierarchie auf Grundlage einer anderen Wahrnehmung bedarf. Wie das aussehen könnte, erläutere ich im zweiten Teil der Auseinandersetzung mit Macht und Hierarchie.

I.2
Möge die Macht mit Dir sein. Teil 2: Mit Hierarchie und Hierarchen umgehen

Pünktlich um 10 Uhr morgens, so war es vereinbart, sollte die große Sales-Konferenz mit mehr als 100 Teilnehmern beginnen. Im Rahmen eines Vorbereitungsgesprächs lange vor dem Event hatte der ausrichtende Gebietsleiter ausdrücklich den pünktlichen Beginn eingefordert. Endlich war der große Tag gekommen, alle waren pünktlich erschienen. Alle? Fast alle: Als Moderator dieser Konferenz schaute ich zum wiederholten Mal auf die Uhr. Mittlerweile war es 10.07 Uhr – aber vom Gebietsleiter und seiner nächsten Berichtsebene war weit und breit nichts zu sehen.

Ausgesprochen blöd, denn es war vollkommen klar, dass er als Gastgeber für die Begrüßung zuständig war. Also machte ich eine kleine launige Bemerkung ins Plenum, kündigte den dann aber wirklich pünktlichen Beginn für 10.15 an und startete meine Suche (ans Telefon bekam ich den Mann nicht). Vollkommen überrascht fand ich schließlich die Herren (Damen waren nicht dabei): In sichtlich aufgeräumter Stimmung saß man im Frühstücksraum und hatte soeben nochmals Kaffee nachgeordert. «Jaja, wir kommen jetzt», wurde ich vom Gebietsleiter leicht unwirsch beschieden, als ich etwas wild auf die Uhr deutete.

Der Mann wandte sich erneut seiner Gesprächsrunde zu. Anstalten, sich zu erheben und sein versammeltes «Fußvolk», wie er sich ausgedrückt hatte, zu begrüßen, machte er nicht. Also lief ich zurück und begann mit der Veranstaltung, denn mittlerweile war es 10.15 Uhr. Als man schließlich eintraf, wechselte die Gesichtsfarbe des Gebietsleiters von normal über weiß auf rot: Ich hatte es gewagt, nicht auf ihn zu warten.

«Das macht der immer so», raunte mir in der Mittagspause ein Mitglied des Planungsteams der Veranstaltung zu. Ich war soeben gerüffelt worden, dass ich nicht gewartet hatte. Mein Hinweis, dass fast 100 Menschen wunschgemäß pünktlich um 10.00 versammelt waren, beeindruckte den Gebietsleiter in keiner Weise: Wir hätten vereinbart, dass er die ersten Worte spräche, und das habe ich nicht eingehalten. Man kann sich vorstellen, dass ich seitdem keine Veranstaltungen für den Mann moderiere. Bemerkenswert fand ich jedoch, was mir einige Zeit später von einem seiner Mitarbeiter berichtet wurde. Der Gebietsleiter, nach wie vor in Amt und Würden, hatte seitdem keine Veranstaltung, keine Besprechung und kein Einzelgespräch mehr verspätet begonnen.

«Alle Tiere sind gleich, aber einige Tiere sind gleicher»

George Orwell's Farm der Tiere lässt grüßen: Ein Hierarch benimmt sich daneben und kriegt es nicht mal mit. Einzelfall? Von wegen: Ich bin sicher, dass die allermeisten von Ihnen nicht nur einmal vergleichbare Momente erlebt haben. Warum aber kann es überhaupt zu einem solchen Verhalten kommen, das eher eines Sonnenkönigs würdig ist denn eines (nach eigener Beschreibung:) «zahlengetriebenen Pragmatikers»? Das ist nicht leicht zu beantworten. Aus psychologischer Sicht finden sich interessante diagnostische Ansätze, die gerade den in der Hierarchie einer Organisation weit oben Angekommenen eine relevante narzisstische Störung attestieren. Der Befund leuchtet ein und dürfte auch im oben berichteten Erlebnis eine ursächliche Rolle gespielt haben.

Die gute Nachricht aber ist: Derlei Auswüchse sind nicht zwangsläufig mit Hierarchie und ungleich verteilter Macht verbunden. Es gibt zahlreiche Beispiele für Hierarchen, die ihre Rolle sehr zurückgenommen, achtsam, verantwortungsbewusst und vollkommen frei von Allüren oder Selbstinszenierung wahrnehmen. Auch das dürfte eine Erfahrung sein, die ich nicht exklusiv habe. Wie bereits im ersten Teil dieses Beitrags dargelegt halte ich Hierarchie unter den Bedingungen unseres Wirtschafts- und Gesellschaftssystems für unhintergehbar. Schwierig wird es für mich (vermutlich nicht nur für mich) dann, wenn hierarchische Position als Ersatz von Sachargumenten oder gar als Legitimation für despotische Verhaltensweisen missbraucht wird.

Spätestens hier bedarf es einiger terminologischer Klärungen, wobei ich den Text wie eigentlich immer in meinem Blog bewusst vortheoretisch halte, um mich freier äußern zu können.

> «Hierarchie» bedeutet stets «Führung», ist aber nicht ohne weiteres dasselbe. Mir geht es in diesem (und dem vorausgegangenen) Blog-Post darum, die hierarchische Position in der je persönlichen Interpretation als Status-gesicherte soziale Tatsache mitsamt ihren Auswirkungen zu betrachten.
> «Hierarchie» verstehe ich als institutionell fixierte, sozial akzeptierte Ungleichverteilung von Macht.
> Implizite Hierarchien, die ebenfalls in Organisationen anzutreffen sind, stehen zunächst nicht im Mittelpunkt.

Das Pippi-Langstrumpf Syndrom und wie es sich aushalten lässt. Bzw.: Wie werde ich ein Hierarchie-Versteher?

Manchmal, man denke an das eingangs berichtete Erlebnis, fühle ich mich an Pippi Langstrumpf erinnert, die bekanntlich macht, was ihr gefällt. Nur dass es sich bei den Gebietsleitern, Geschäftsführern und Vorständen dieser Welt eigentlich nicht um unbeaufsichtigte Kinder handelt. Grundsätzlich sind für uns als Ohn-Mächtige die Möglichkeiten begrenzt, den Hierarchen ohne weiteres zu einer grundlegenden Veränderung seines Verhaltens zu bewegen. Aber wir sind nie nur Opfer. Mein durch keinerlei Studie gestützter Glaubenssatz lautet: Die zuweilen drastische Reduktion einer herausgehobenen hierarchischen Position auf den sozialen Status («ich darf hier absolut alles tun, auf das ich Lust habe») kann nur gelingen, wenn die andere Seite mitspielt. Die andere Seite aber sind «wir» alle.

Keineswegs will ich auf die unterkomplexe Idee hinaus, dass man «nur einfach mal was sagen» müsse, damit der Hierarch zur Vernunft kommt. Vorschlagen möchte ich vielmehr eine Art innerer Sortierung, die sich an diesen Gedanken orientieren könnte:

> Innerlich durchatmen und die Situation analysieren: Vermutlich bin ich gar nicht gemeint.
>> Wenn jemand seine Macht ausspielt, dann ist es zunächst hilfreich, sich klar darüber zu werden, um was es eigentlich geht und inwiefern ich überhaupt direkt und persönlich adressiert bin. Diese «Ent-Persönlichung» hilft, um sich emotional zu entlasten.

> Der «Täter» als «Opfer»: Nahezu jeder Mächtige blickt zu einem noch Mächtigeren auf.
  > Es wird häufig übersehen, dass selbst die Bewohner allerhöchster Ränge einer Hierarchie immer noch selbst jemanden «über sich» haben. Ein Bereichsleiter «hängt» unter dem Vorstand, der Vorstand «hängt» unter dem Vorstandsvorsitzenden und der «hängt» am Aufsichtsrat.
  > Insofern mag das sozial auffällige Verhalten eine Reaktion auf selbst erlittene Kränkungen sein.
> Auf die Sache reduzieren: Nahezu jede Tirade begann in einem sachlich-inhaltlichen Kontext.
  > Meistens ist das sozial auffällige Verhalten der Hierarchen eingebettet in inhaltliche Diskussionen. Hier können wir versuchen anzusetzen, indem wir über das Status-Verhalten einfach hinweggehen (so schwer das auch fallen mag) und so ruhig wie möglich auf die ursprüngliche Sache zurückkommen.
  > Ein selbst erlebtes Beispiel: Wurde die Diskussion um eine Maßnahmenplanung vom anwesenden Bereichsleiter soeben lautstark abgelehnt (fast gebrüllt: «Diesen Aufwand wird mein Bereich nicht treiben!»), so lässt man vielleicht einen kurzen Moment verstreichen, um einen sachlichen Beitrag einzubringen («Lassen Sie uns schauen, wie wir den notwendigen Aufwand möglichst reduzieren und angemessen verteilen können. Wäre es vielleicht eine Möglichkeit, wenn wir ...»).

> Es gibt einen Hierarchen, der alle(s) übertrumpft: der Kunde.
> > Am Ende «hängen» alle am Kunden – und das ist und bleibt stets eine gute Referenz, wenn es in die Versachlichung geht. Wer es schafft, die inhaltliche Diskussion, mit der die Situation ursprünglich begann, argumentativ mit der Letztinstanz «Kunde» zu verknüpfen und dabei auch noch sachlich bleibt, eröffnet allen Beteiligten die Chance auf konstruktiven Fortgang der Kommunikation.
> Hierarchie als solche anerkennen: Prinzipiell erkennen, was da ist.
> > Wenn es uns gelingt, den (organisatorischen) Nutzen von Hierarchie zu erkennen, dann ist es nicht mehr weit, um den Hierarchen in seiner Position anzuerkennen. Nicht gemeint ist selbstverleugnendes Buckeln, gemeint ist vielmehr, den Anderen zu würdigen und dabei die eigene Souveränität zu behalten.

Ich kündigte im vorausgegangenen ersten Teil zum Thema an, dass ich eine andere Art von Hierarchiewahrnehmung vorstellen möchte. Genau darum geht es mir: um die Haltung, mit der wir Hierarchie wahrnehmen. Womit ich nicht behaupten will, dass ich selbst das jederzeit gut hinkriege. ■

I.3
Führungs-Fouls.
Wie Führungskräfte Motivation zerstören

Es reicht mal wieder. Ab und zu und erst vor kurzem erneut werde ich Zeuge von Führungsverhalten, das gelinde gesagt unreflektiert ist, dafür aber zu erheblichen Verwerfungen führt. Ich möchte anhand realer, selbstverständlich anonymisierter und leicht veränderter Beispiele aufzeigen, inwiefern schlechte Führung als «Führungs-Foul» zu werten ist. Es gibt eine imposante Fülle von Führungs-Fouls, weshalb ich die hier getroffene Auswahl an der Häufigkeit des Auftretens orientiere.

Führungs-Foul #1:
«Ich brauche die Auswertung bis morgen!»

Das Meeting war schon weit vorangeschritten. Das Wort erhielt die neue Kollegin, die über den Stand ihres Sales-Projekts berichten sollte. Nach wenigen Sätzen wurde sie vom Abteilungsleiter unterbrochen: «Wie haben sich denn unsere Verkäufe im Produktsegment xy in den letzten 3 Jahren entwickelt?» Nun hatte die Vertriebsentwicklung der letzten Zeit wenig bis gar nichts mit ihrem Projekt zu tun, sodass die Kollegin die Frage nicht beantworten konnte. Die mit leicht drohendem Unterton geäußerte Reaktion des Abteilungsleiters: «Das wissen Sie nicht? Jedenfalls brauche ich die Zahlen dringend und zwar spätestens morgen früh auf meinem Schreibtisch!»

Kaum war das Meeting beendet, setzte heftige Recherchetätigkeit ein: 3 Jahre können im Vertrieb eine lange Zeit sein. Erschwerend stellte sich heraus, dass die Zahlen vor dem Jahr 2016 aufgrund der Migration eines IT-Systems nicht mehr für den direkten Zugriff bereitstanden. Nach etlichen Telefonaten und mit viel Überredungskunst gelang es schließlich doch, die Zahlen zu ermitteln, in einer übersichtlichen Aufstellung zusammenzustellen und dem Abteilungsleiter (der längst nach Hause gegangen war) auf den Tisch zu legen. Umso irritierender sein Verhalten am nächsten Tag. Als die Kollegin am Nachmittag endlich den Abteilungsleiter sprechen konnte («aber nur 5 Minuten, mehr Zeit habe ich nicht»), wollte sie natürlich wissen, ob denn die Zahlen zufriedenstellend aufbereitet seien und ob es weitere Fragen gebe? Der Abteilungsleiter war vollkommen überrascht: «Welche Zahlen? Ich weiß nicht, wovon Sie reden. (...) Ach, die Unterlage, die heute morgen in meinem Stapel lag? Die schaue ich mir in der kommenden Woche an, Sie hören von mir.» Und schon war sie wieder herauskomplimentiert, womit sich die Hoffnung, nun endlich über ihr eigentliches Thema (das aktuelle Sales-Projekt) zu sprechen, erledigt hatte.

Ich sage: gelbe Karte, mindestens. Vollkommen unbedacht und aus der Situation heraus wurde etwas eingefordert, das ganz offensichtlich keine Dringlichkeit, vielleicht auch keine Relevanz hatte, dafür aber ein erhebliches Maß an Aufwand produzierte – aufgrund der notwendigen Recherche und Beschaffung der Zahlen nicht nur bei einer Person, was schon schlimm genug gewesen wäre. Selbstredend, dass in dieser Zeit kein Handschlag für das Projekt getan werden konnte. Ebenso selbstredend, dass die junge Kollegin ziemlich enttäuscht war.

Führungs-Foul #2: «Sie machen das schon.»

Ich nehme an einem wöchentlich stattfindenden Projektgespräch im kleinen Kreis mit dem für Qualität zuständigen Bereichsleiter teil, der als Projektsponsor wirkt. Es geht um die Weiterentwicklung einer vorhandenen Software-Lösung für das Maßnahmen-Management in einem großen Pharmakonzern und deren Implementierung. Das heutige Gespräch, so ist es bereits angekündigt, dreht sich um die Freigabeentscheidung hinsichtlich einer Kommunikationskampagne. Während seines Kurzberichts zum Stand der Arbeiten sowie unserer Überlegungen bezüglich der Kommunikationskampagne fällt das Wort «Digitalisierung», vom Projektverantwortlichen ohne weitere Hintergedanken erwähnt. Prompt fällt ihm der Bereichsleiter ins Wort und beginnt einen längeren Monolog zur Bedeutung der Digitalisierung für das Unternehmen. In Allgemeinplätzen referiert er sattsam bekannte Ansichten wie etwa, dass das Internet viele Geschäftsmodelle geändert habe. Digitalisierung sei natürlich auch ein Thema für das Unternehmen. Nicht nur ich habe Mühe, den Zusammenhang mit unserem Anliegen (nämlich der Kommunikationskampagne) zu erkennen. Während seiner eigenen Äußerung merkt der Geschäftsführer – vermutlich auch aufgrund unserer erstaunten Gesichter –, dass er dabei ist, sich argumentativ zu verheddern. Er redet jedoch weiter, im assoziativen Modus sich selbst immer neue Stichwörter gebend, die zunehmend dramatischer werden. Als er zum mindestens dritten Mal über die «enormen Bedrohungen durch die Digitalisierung der Märkte» spricht, schaut seine Sekretärin herein und weist auf den nächsten Termin hin. Der Bereichsleiter klopft seinem Projektleiter auf die Schulter: «Sie machen das schon!» Und raus sind wir.

Gemeinsam versuchen wir herauszufinden, was mit «das» gemeint sein könnte und was wir «machen» sollen. Was könnte die Erwartungshaltung des Geschäftsführers sein, was ist zur nächsten Regelbesprechung vorzulegen und wie stellen wir eine Verbindung zu unserem eigentlichen Anliegen (der Kommunikationskampagne) her? Unsere Versuche, umgehend zumindest einen kurzen Klärungstermin zu bekommen, scheitern an der Sekretärin. Nach mehreren Blicken in Kristallkugeln sowie spontan einberufenen Projektsondersitzungen entwickeln wir einige vergleichsweise harmlose, einigermaßen zum Projekt und unserer Kommunikationskampagne passende und unschädliche Ideen. Und siehe da, beim nächsten Meeting zeigt sich der Geschäftsführer zufrieden, denn auf 2 Folien ist die Digitalisierung prominent erwähnt. Inhaltlich werden die Ideen nicht näher erörtert und die Kommunikationskampagne wird freigegeben. Rückblickend hätte es vermutlich sogar ausgereicht, lediglich die beiden Folien zu produzieren. Seine tiefe Enttäuschung ist dem Projektleiter anzumerken.

Einfach mal drauflos arbeiten, ins Blaue? Das kann's doch nicht sein und das gibt es nicht, denken Sie? Da müsse man zwecks Auftragsklärung doch präzise Fragen stellen und so lange insistieren, bis das Anliegen deutlich geworden ist? Stimmt. Aber möglicherweise waren Sie noch nicht allzu häufig Situationen wie der hier skizzierten ausgesetzt: Die gegebenen Umstände, die viel mit dem Bewusstsein der eigenen hierarchischen Position als Bereichsleiter zu tun haben, vereiteln die doch so naheliegenden Klärungsversuche. Derlei würde vermutlich niemals unter Gleichrangigen passieren, aber im kommunikativen (Schwerlast-) Verkehr mit Untergebenen kann man's ja machen. Auch hier gibt es die gelbe Karte: Führungs-Foul!

Führungs-Foul #3:
«So kann ich dem Konzept nicht zustimmen.»

Der große Moment ist da: Nach mehreren Terminverschiebungen durch den Bereichsvorstand findet endlich die Ergebnispräsentation in der Vorstandsrunde statt. Das Konzept für den Roll-out liegt vor und es muss unbedingt die Grundsatzentscheidung getroffen werden, weil anderenfalls die gesamte Zeitplanung auseinanderfällt. Wie gewohnt musste die PowerPoint-Präsentation, für deren Gestaltung und Umfang sehr genaue Vorschriften gelten, eine Woche vor dem Präsentationstermin eingereicht werden. Damit soll die vorbereitende Lektüre möglich werden, sodass mehr Zeit für Diskussionen zur Verfügung steht. Allerdings sorgt diese Vorgabe oftmals für erheblichen Stress, nicht nur im hier zugrunde liegenden Fall, denn in Projekten kann innerhalb sehr kurzer Zeit sehr viel passieren (was übrigens nicht erst gilt, seitdem das Zeitalter der Agilität ausgerufen wurde). Aber unser Projektteam hatte selbstverständlich alle Vorgaben eingehalten, denn nur dann kommt man überhaupt mit «seinen» 15 Minuten auf die Agenda.

Eingeladen sind der Projektleiter auf Unternehmensseite und ich. Wie zu befürchten war, werden wir mit gehöriger Verspätung hereingebeten (wir sind der 5. Punkt auf der Agenda). Der Bereichsvorstand begrüßt uns freundlich, weist aber darauf hin, dass aufgrund der davonlaufenden Zeit unser Thema kürzer behandelt werden muss. Der Projektleiter legt los und ist schnell bei der zweiten Folie angekommen. Anhand weniger Beispiele skizziert die Folie mittels Zeitstrahl die Maßnahmen der zurückliegenden Jahre, da wir die Kontinuität der Entwicklung aufzeigen wollen. Plötzlich unterbricht ein Bereichsleiter die Ausführungen: «Ich vermisse das Projekt, das wir in meinem Bereich Mitte 2017 erfolgreich abgeschlossen haben und zwar pünktlich und unter Einhaltung des Budgets. Warum ist das hier nicht erwähnt?» Der Projektleiter wehrt sich tapfer: «Weil es in dieser Folie nicht um eine lückenlose Aufzählung aller Projekte geht, sondern um die Entwicklung zum Thema anhand von einigen ausgewählten Meilensteinen.» Mit schärferer Stimme hakt der Bereichsleiter nach: «Wer hat die Meilensteine ausgewählt und warum ist das Projekt aus 2017 nicht dabei?» «Die Meilensteine haben wir gemeinsam im Team ausgewählt. Aber es sind die Ergebnisse sämtlicher Projekte mit thematischer Relevanz in unserem Konzept, auf das ich gern zu sprechen kommen möchte, berücksichtigt, nicht nur die Projekte, die exemplarisch auf dieser Folie stehen. Auch Ihr Projekt haben wir natürlich berücksichtigt, wie Sie sicherlich weiter hinten gesehen haben.» «Dann gehört es auch auf diese Folie. Ihr Konzept kann doch gar nicht funktionieren, wenn wichtige Projekte nicht berücksichtigt sind.» Und so fort. Eine vollkommen nutzlose und unfruchtbare Debatte zu einem komplett irrelevanten Detail frisst langsam aber sicher die ohnehin viel zu knappe Zeit. Gleichzeitig machen seine Ausführungen deutlich, dass er keine Sekunde lang die Unterlagen im Vorfeld durchgesehen hat. Später erfahre ich, dass es das – mittlerweile nicht mehr unisono als durchschlagenden Erfolg eingeschätzte – Projekt war, das ihm seinerzeit den Karriereschritt zum Bereichsleiter ermöglichte. Am Ende unseres Auftritts in der Vorstandsrunde steht das Ergebnis, dass dem Konzept erst zugestimmt werden könne, wenn die Folie überarbeitet vorläge. 14 Tage später nehmen wir einen neuen Anlauf mit unserer Präsentation, die eigentlich nur an der besagten Stelle um jenes Projekt ergänzt wurde. Endlich kann das Konzept diskutiert werden. Allerdings ohne aktive Beteiligung des Bereichsleiters: Im fraglichen Moment ist der Mann mit seinem Smartphone befasst.

Welch ein kompletter Blödsinn! Dass etwas nicht auf einer Folie explizit erwähnt wird, gleichwohl aber inhaltlich berücksichtigt wurde, schien dem Bereichsleiter undenkbar zu sein; dass dieser Umstand mit dem Konzept, über das eigentlich zu sprechen und zu entscheiden wäre, nicht viel zu tun hat, ist jenseits des Vorstellbaren; dass aber erneut wertvolle Zeit damit vergeudet wird, eine nachrangige Folie zu korrigieren, um erst danach wieder in die Vorstandsrunde zu kommen, ist nichts anderes als ein Führungsfoul, bestehend aus mehreren Teilen: keine Vorbereitung, keine intellektuelle Bereitschaft, sich auf die Gedankenführung einzulassen, und keinen Sinn für den Zeitdruck der Situation. Ganz nebenbei wäre es auch vorstellbar gewesen, dass sich ein anderer Teilnehmer der Runde eingeschaltet hätte, beispielsweise der Bereichsvorstand. Warum auch immer: Das fand nicht statt. Am Ende stand die Notwendigkeit, dem Projekt erneut Zeit zu widmen. Wir lernen: Auch so kann man Geld verbrennen.

Führungs-Fouls kosten

Ich gehöre wahrlich nicht zur Führungskräfte-Beschimpfungs-Fraktion. Im Gegenteil, mit großem Respekt stelle ich immer wieder fest, mit welcher Kompetenz und persönlichen Integrität die große Mehrzahl der Führungskräfte allerorten die häufig nicht kleinen Herausforderungen ihres Alltags meistert. Aber es gibt eben auch die anderen Fälle. Mangelnde Konsequenz, unfaire Mitarbeiterbeurteilungen, Aversion gegen Kritik (die zuweilen als Majestätsbeleidigung empfunden wird), launenabhängige und deshalb unberechenbare Einstellungen, ein erkennbar nur an den persönlichen (Karriere-) Interessen ausgerichtetes Entscheidungsverhalten, selbstherrliche Auftritte in Meetings – die Liste ist lang. Mit diesen Führungs-Fouls wird einiges an Schaden angerichtet: auf persönlicher Ebene, weil Menschen enttäuscht, verheizt und demotiviert werden; auf Unternehmensebene, weil sich Führungs-Fouls immer auch auf die Kosten auswirken. Schon die 3 Beispiele belegen, dass Führungs-Fouls Kosten produzieren, nämlich ...

> ... direkte Kosten aufgrund vergeudeter Ressourcen, die sich aus unsinnigem Zeitaufwand der direkt sowie indirekt Betroffenen ergeben;
> ... indirekte Kosten aufgrund von Enttäuschung, Demotivation und innerer oder sogar tatsächlicher Kündigung.

Wer aber erkennt den Kostenfaktor «schlechte Führung»? Über mein gesamtes Beraterleben begegne ich Controlling-Projekten zur Kostenreduzierung, die zum ohnehin existierenden Kostendruck hinzukommen. Dagegen ist nichts zu sagen – fraglos muss Geld, das man ausgeben will, zunächst verdient werden. Angesichts der Klimmzüge, die mittlerweile ausgeführt werden müssen, um überhaupt noch Einsparpotentiale zu erschließen, wird es Zeit, auf die Ressourcenvergeudung hinzuweisen, die sich aus Führungsfouls ergeben. ■

I.4
Bloß kein Kontrollverlust

Wer etwas sagen möchte, das auf die Zustimmung aller trifft, könnte beispielsweise diesen Satz äußern: «Führungskräfte müssen in ihrer Kommunikation offen und authentisch sein.» Insbesondere Führungskräfte auf höchster Ebene nicken zustimmend: ja sicher, ist doch klar. Es ist daher bemerkenswert zu erleben, mit welchem Aufwand Kommunikationssituationen präpariert werden, selbst wenn diese vor einem vergleichsweise kleinen Publikum stattfinden.

«Offen und authentisch» – wirklich?

Ich moderierte das Führungskräftemeeting eines international sehr erfolgreichen Mittelständlers der Verpackungsindustrie. An der zweitägigen Veranstaltung nahmen neben den Zentralbereichen der in Norddeutschland ansässigen Zentrale die Top-Führungskräfte aus den Standorten in Nordamerika, Südafrikas, Indien sowie Osteuropa teil. Der Vorbereitungsaufwand war beträchtlich – sämtliche Folien, die in den verschiedenen Impulsvorträgen gezeigt werden sollten, wurden mehrfach diskutiert, geändert und abermals geändert. Selbst meine Folien, die keine strategische Positionierung o. ä. betrafen, sondern nur das Vorgehen in den teilweise offenen Arbeitsformen beschrieben, wurden hinterfragt. Ein Drehbuch legte fest, wer was in welcher Phase sagen sollte. Sogar meine Moderation durch die Ergebnispräsentationen von dezentralen Workshops sollte bis auf die konkrete Äußerung festgelegt werden, was ich jedoch verhindern konnte. Aber immerhin, offene Arbeitsformen (in diesem Fall orientiert am World Café) waren genehm, zumal sie zur neu definierten, auf Offenheit fokussierten Unternehmensvision passten. Treiber all dessen war der geschäftsführende Gesellschafter, der «Offenheit» unbedingt als zentralen Unternehmenswert herausstellen wollte, aber gleichzeitig auf ein haarklein ausformuliertes Drehbuch bestand.

Als es am zweiten Tag zum Abschluss der letzten Gruppenarbeitsphase an die Präsentation der Workshop-Ergebnisse ging, geschah es. Ein freundlicher Bereichsleiter hatte für seine Arbeitsgruppe die Ergebnisvorstellung übernommen. Ich dankte ihm, stellte ihm jedoch spontan noch eine Frage, die im Drehbuch nicht vorgesehen war. Ich fragte: «Was war für Sie ganz persönlich die größte Überraschung dieser Konferenz?» Das Gemurmel der Teilnehmer erstarb, spürbar waren plötzlich Aufmerksamkeit und Interesse im Raum. Der Bereichsleiter überlegte über einen kurzen Moment, denn diese Frage überraschte ihn (auch er kannte das Drehbuch). Schließlich fiel ihm eine Antwort ein, die zudem noch witzig war. Bevor der nächste Ergebnispräsentator, den ich gerade ansagen wollte, auftreten konnte, kam der geschäftsführende Gesellschafter des Unternehmens auf die Bühne. Er nahm mir das zweite Mikrofon ab und sagte irgendetwas an. Diese Unterbrechung war ebenfalls nicht im Drehbuch vorgesehen. Bevor er mir das Mikrofon zurückgab, zischte er: «Und keine Fragen mehr!»

Offenheit – die Offenheit der Anderen?

Sein Problem war ganz offensichtlich, dass etwas passiert war, das so nicht in allen denkbaren Implikationen überlegt worden war. Für einen Moment war die Situation seiner Kontrolle entzogen. Dass auf diese Weise ein wahrhaftiger Moment von Offenheit entstanden war, der ihm eigentlich gefallen musste (und keinerlei Schaden angerichtet hatte), konnte der Mann nicht goutieren: Diese an sich äußerst harmlose, kommunikative Offenheit ging ihm viel zu weit. Wie sich denken lässt, hatte ich keine Gelegenheit mehr, die Situation mit ihm zu diskutieren: Obwohl das Führungskräftemeeting eine sehr positive Resonanz erhalten hatte, wurde ich seitdem nicht mehr kontaktiert.

Wie schon bei anderen Gelegenheiten bin ich auch hier sicher, dass es sich nicht um einen Einzelfall handelt. Schon fallen mir andere Beispiele ein wie etwa jener CEO, der in Townhall-Meetings an verschiedenen Standorten auftrat und im Vorfeld auf alle denkbaren und undenkbaren Fragen durch renitent auftretende Rhetoriktrainer präpariert wurde. Fast überflüssig zu sagen, dass auch in diesem Unternehmen Offenheit als Wert propagiert wurde. Vermutlich ebenso überflüssig zu erwähnen, dass, als dann doch eine unerwartete (und unerwartbare) Frage gestellt wurde, der Auftritt arg ins Wanken geriet.

Es wird also Offenheit gepredigt, doch wenn es um offene Kommunikation im Sinne offener Kommunikationsverläufe geht, dann ist es rasch vorbei mit der Offenheit. Was steckt dahinter?

Ein bisschen Küchenpsychologie

Aus meiner Sicht – die nicht auf Studien oder irgendwelchen anerkannten psychodiagnostischen Verfahren basiert, sondern allein auf persönlichen Erlebnissen und Zuschreibungen – stellt eine wirklich offene, nicht vorstrukturierte Kommunikation für hochrangige Führungskräfte ein Risiko dar: das Risiko, die Kontrolle zu verlieren. Ich erkläre mir das wie folgt:

> Gerade Menschen, die qua Funktion im Grunde alles kontrollieren und steuern können, etablieren nach und nach die Annahme persönlicher Allwirksamkeit aus. Sie erfahren immer wieder Bestätigung in ihrem Tun, in ihren Anwei-

sungen («was ich will, das wird gemacht»), in ihren Wirkungen («der Erfolg gibt mir recht»). Ob gerade die positiven Wirkungen aufgrund der zuvor getroffenen Entscheidungen und praktizierten Verhaltensweisen zustande kamen, wird vorsichtshalber nicht hinterfragt. Koinzidenz wird mit Kausalität verwechselt.

> Doch mittlerweile erleben die Geschäftsführer und Vorstände dieser Welt zunehmend, dass ihre Allwirksamkeitsannahme in Zeiten zunehmender Volatilität, Unsicherheit, Komplexität und Ambiguität (die derzeit heiß diskutierte «VUKA-Welt» lässt grüßen) zur Illusion wird. Das destabilisiert und macht es erforderlich, dass zumindest dort, wo etwas im eigenen Einflussbereich stattfinden soll, die Annahme der Allwirksamkeit endlich wieder Bestätigung findet.

> Womit wir bei den Versuchen wären, Kommunikationssituationen, die als «offen» angesetzt werden, in Wirklichkeit als drehbuchkonforme Vollzugshandlungen und damit als das exakte Gegenteil offener Kommunikation zu gestalten. Endlich gibt es mal wieder einen Moment, in dem maximale Kontrolle ausgeübt werden kann. Damit wird praktisch jede ungeplante Äußerung zum Risiko, in einem der letzten Reservate eigener Allwirksamkeit trotzdem die Kontrolle zu verlieren.

Was man tun kann? Meine sicherlich folgenreiche Empfehlung lautet, die Allwirksamkeitsannahme ganz einfach aufzugeben. In heutigen Zeiten muss jedes Führungskonzept anerkennen, dass es uneingeschränkte Steuerbarkeit nicht mehr gibt – wenn es sie denn überhaupt jemals gegeben hat. Die Allwirksamkeitsannahme aufzugeben ist insofern ein Akt der Befreiung, denn es bedeutet, die Angst vor Kontrollverlust nicht mehr haben zu müssen. Immerhin: eine Angst weniger … ■

I.5
Nicht in die Perfektionsfalle geraten: Beta ist better

Mal sind es andere, mal sind wir es selbst: Wer sich selbst oder seine Geführten dem Anspruch höchster Perfektion aussetzt, kommt selten über die Planung hinaus. Denn wann ist irgendetwas schon perfekt durchdacht, nach vollständig unanfechtbaren Methoden analysiert, auf alle Risiken bewertet und mit Erfolgsgarantie durchkonzipiert? Ich behaupte, dass es sehr viel besser ist, mit einer 80%-Lösung tatsächlich zu starten, statt die 100%-Marke bei der Konzeption anzustreben – und auf diese Weise gar nicht erst mit der Umsetzung beginnen zu können. Genau damit arbeitet ein Manöver, das ich die «Perfektionsfalle» nenne.

Ein «Nein» wie ein «Ja» klingen lassen: Veränderungen verhindern für Fortgeschrittene

Ich bin nicht nur einmal darauf hereingefallen und vermute, dass mein Schicksal keineswegs singulär ist: Da geht es um eine wichtige Veränderung, die sich auch auf die Entscheiderebene auswirken wird; der interne Projektleiter und ich haben Audienz beim Vorstand und befürchten das Schlimmste, nämlich ein «Nein». Doch dann hören wir zu unserer Überraschung ein: «Ja, aber ganz unbedingt!» Und das ist noch nicht alles. Plötzlich überholt uns der Vorstand mit radikalen Ideen, die wir in vorauseilender Selbstzensur gar nicht in das Veränderungskonzept aufgenommen haben. Jetzt kommen wir aus dem höchst erfreuten Staunen gar nicht mehr heraus.

Allerdings, so der Vorstand, bedürfe ein strategisch derart fundamentales Thema einer perfekten Vorbereitung. Bevor es also an die Umsetzung gehen könne, sei das Konzept noch deutlich präziser auszuarbeiten, denn einige wichtige Fragen seien für die Kritiker («natürlich nicht für mich: ich bin überzeugt!», so der Vorstand) nur unzureichend beantwortet. «Lassen Sie uns in die Diskussion gehen, ohne dass man dieses überragend wichtige Vorhaben angreifen kann.» Glücklich und gleichzeitig verwirrt verlassen der Projektleiter und ich den Raum: Eigentlich wollten wir das «Ja» für den sofortigen Start. Bekommen haben wir mehr als ein «Ja» zur Idee. Aber in Tat und Wahrheit gab es ein «Nein» für den Start.

Es gibt verschiedene Möglichkeiten, eine Veränderung zu verhindern. Eine ist, ganz einfach «Nein!» zu sagen. Dann allerdings steht der Neinsager in der Pflicht, Begründungen zu liefern, und das kann anstrengend werden. Er wird in seiner Haltung transparent und riskiert womöglich ein mühsam aufgebautes Image als visionärer Leader oder ähnliches. Anstelle eines gefährlich direkten Neins lässt sich, wie mit dem Praxiserlebnis demonstriert, die «Perfektionsfalle» als alternatives Manöver einsetzen. Die ist viel eleganter und fast noch wirksamer als ein klares Nein, denn das spätere (und fest einkalkulierte) Scheitern liefert ein zusätzliches Argument gegen die Veränderung, die von Anfang an nicht gewünscht war.

Das Muster und wie es – nicht – weiter geht

Der Weg führt über einen maximal hohen Perfektionsanspruch. Als Muster lassen sich 3 Schritte erkennen:

1. Schritt: Uneingeschränkte Zustimmung und zusätzliche Aufladung mit Bedeutung
   Formulierungsmöglichkeit: «Ich finde das sehr wichtig, was Sie da vorschlagen.»

2. Schritt: Aufgrund der besonderen Bedeutung mehr Perfektion einfordern
Formulierungsmöglichkeit: «Und genau deshalb müssen wir das sorgfältig vorbereiten. Erst wenn alles gründlich analysiert und exzellent konzipiert ist, sind die Voraussetzungen für ein so wichtiges Thema gegeben. Denn wir wollen ja nicht angreifbar sein für die altbekannten Kritiker, die wir an mehreren Stellen haben.»
3. Schritt: Für die Umsetzung zusätzliche Voraussetzungen festlegen, deren Eintreten nicht beweisbar ist
Formulierungsmöglichkeit: «Für diese Vorbereitung haben wir jedoch derzeit nicht die Ressourcen. Außerdem müssen wir warten, bis die Menschen, die wir mitnehmen wollen, bereit sind. Wenn ich mir anschaue, was wir denen zuletzt an Kosteneinsparprogrammen zugemutet haben und was dazu noch kommt – ich weiß, dass ich Ihnen vertrauen kann und dieses Gespräch unter uns bleibt –, dann müssen wir einige Zeit warten.»

Ab jetzt kann nichts mehr schiefgehen. Denn praktisch jedes Konzept lässt sich als (noch) nicht perfekt genug zurückweisen, was sich übrigens auch beim nächsten Antritt und der Präsentation eines weiter ausdetaillierten Konzepts sehr sozialverträglich formulieren lässt. Etwa so: «Das ist ja schon etwas ganz Anderes als Ihr Erstkonzept (ein kleiner versteckter Giftpfeil: das Erstkonzept war also gar nicht so toll). Aber wir sollten noch einige Risikoszenarien neu denken. Sprechen Sie doch mit ..., integrieren Sie die gewonnenen Erkenntnisse in Ihr Konzept und machen Sie einen Termin mit meinem Vorzimmer aus. Und dann sprechen wir nochmals in Ruhe darüber.»

Bei der nächsten Runde, deren Zustandekommen schon deutlich schwieriger geworden ist, findet sich irgendeine andere

Begründung, um noch mehr Perfektion einzufordern. Außerdem läuft die Zeit davon, neue Aufgaben stehen an, plötzlich müssen Kosten gespart werden etc.

Sollte es dann immer noch zu allem entschlossene Projektvertreter geben, die ohne Rücksicht auf persönliche Verluste unbeirrt in Richtung Burnout gehen wollen, dann greift die Entscheiderebene schließlich zu den klassischen Manövern («... derzeit leider keine Zeit, um sich angemessen mit Ihren ausgezeichneten Vorschlägen zu befassen ...»). Im Grunde bedient man sich der Manöver, denen man zuvor über Jahre selbst ausgesetzt war. Das trainiert für's Leben. Und klammheimlich ist da immer auch der Spaßfaktor, denn unterhaltsam ist es obendrein, Andere auf unangreifbare Art auszubremsen und dabei auch noch zu verhindern, dass sich allzu viel ändert.

«Agilität»: ein Trendthema nutzen

Um es mit Lenin zu fragen: Was tun? Vielleicht hilft der Hinweis auf die sich derzeit etablierenden Managementmodelle rund um das Trendthema «Agilität». Im Kern geht es darum, die klassisch-lineare Form der Softwareentwicklung zu überwinden. Bisher wird zunächst ein (perfektes) Anforderungsdokument angestrebt und mit dem Kunden fixiert. Das gilt es anschließend umzusetzen, zu testen, zu pilotieren und schließlich an den Kunden zu übergeben. Doch in Zeiten sich weiter beschleunigender Veränderungszyklen tritt immer häufiger das Problem auf, dass der Kunde mittlerweile seine Anforderungen geändert hat. Oder: Manche seiner Anforderungen sind nicht (mehr) zeitgemäß. Agile Methoden verlangen lediglich eine Zielvorstellung («was soll am Ende herausgekommen sein?») und kein umfängliches, hoch detailliertes und kanonisiertes Anforderungsdokument. Favorisiert werden kurze Entwicklungszyklen (sogenannte «Sprints»), in denen im engen Dialog mit dem Anforderer ein Teilziel erreicht wird. In Schleifen und ständigen Dialogen werden die erreichten Ergebnisse genutzt, um das nächste Teilziel zu definieren usf., bis das immer auch revidierbare Gesamtergebnis erreicht ist.

Die Erfolge agiler Methoden zeigen, dass sich für den Veränderungsprozess viel Dynamik gewinnen lässt, wenn Ziele beweglich und die «Kunden» (für Veränderungsprozesse ist die Bezeichnung «Betroffene» meistens passender) permanent eingebunden werden. Womit wir beim Prinzip der Partizipation angekommen sind, um das es bei früheren Gelegenheiten gelegentlich ging (vgl. beispielsweise den Blog-Post #9 vom 15.04.2013).

Beta ist better

Es ist in vielen Fällen nicht besonders kritisch, wenn ein Konzept umgesetzt wird, das noch nicht alle Eventualitäten berücksichtigt. Zudem ist gerade in Veränderungsprozessen, die in komplexe Systeme eingreifen – Unternehmensorganisationen sind solche komplexen Systeme –, eine perfekte Konzeption praktisch unmöglich. Damit meine ich nicht, dass einfach drauflosgeändert werden soll. Vielmehr gilt es, präzise und sorgfältig zu analysieren und zu konzipieren. Einige orientierende Leitfragen, anhand derer eine solche Konzeption ausgerichtet werden kann:

> - Wohin wollen wir, was ist unser Ziel und zu welchem übergeordneten Zweck trägt das erreichte Ziel bei?
> - Wen müssen wir erreichen, welche Bedürfnisse und Wünsche haben die Betroffenen?

> Was wird nicht mehr der Fall sein, wenn das Neue entstanden ist? Für wen ist das ein Verlust und wie schwer wiegt dieser Verlust?
> Wer könnte ein Interesse haben, dass es nicht zur Veränderung kommt? Was wären die Motive? Auf was würde uns der Widerstand hinweisen?
> Welche Vorteile wird uns das Neue bieten, was wird besser / einfacher / welche Risiken werden reduziert?

Damit sind einige wesentliche Perspektiven skizziert, die in einem akzeptablen Konzept berücksichtigt werden sollten. Aber irgendwann ist auch mal Schluss mit Konzept: Dann sollte der Umsetzungsprozess begonnen werden. Mag es auch den Vorwurf geben: «Ihr habt diesen und jenen Aspekt noch nicht ausreichend bedacht»: Dann wird dieser Vorwurf geprüft. Ist er stichhaltig, wird der Prozess womöglich angehalten; wird lediglich eine Perfektionsfalle aufgestellt, sollte bei angemessener Behutsamkeit die Umsetzung fortgesetzt werden.

Ein solches Vorgehen wird zuweilen in herabsetzender Absicht als «Beta-Version» disqualifiziert. Hier sollten wir uns eine gewisse Robustheit zu Eigen machen: «Beta» heißt nicht «kaum angedacht» oder gar «blind». Beta heißt, dass nicht schon jede Eventualität perfekt durchdacht ist. In diesem Sinne ist bei großformatigen Veränderungsvorhaben mehr als eine Beta-Version ohnehin nicht möglich. Für jene, die an einem dynamischen, partizipativ konstruierten und lernfähigen Veränderungsprozess interessiert sind, gilt die Formel, die sich bereits in der Überschrift findet: Beta ist better. ■

50

KONTEXT, ZIELE, SINN

II.1
Alles auf einmal so VUCA hier: Neue Lage oder neues Label?

«VUCA»: Dieses Akronym begegnet vermutlich nicht nur mir andauernd. Es klingt fast ein bisschen wie Voodoo und zuweilen scheint es, als sei diese schwarzmagische Note absichtsvoll angespielt. Denn in der Regel wird mit dem Akronym, das für «volatility», «uncertainty», «complexity» und «ambiguity» (bzw. als «VUKA» für die entsprechenden deutschsprachigen Ausdrücke) steht, eine genuin neue, unheimliche Bedrohung adressiert. Etwas ist im Anmarsch, auf das aufmerksam zu machen ist, weil es anderenfalls unbeachtet bliebe und Schaden anrichtete. Handeln ist geboten und jene, die das Wort haben (und sich mit dem Label «VUCA» schmücken), wissen, was zu tun ist. Bedeutungsschwer zustimmendes Nicken erfährt, wer die VUCA-Diagnose als erster ins Spiel bringt.

Um gleich mit der Tür ins Haus zu fallen: Ich bestreite nicht, dass wir es in vielen Bereichen des Lebens und eben auch in der Welt der Wirtschaft mit Volatilität, Unsicherheit, Komplexität und Ambiguität zu tun haben. Was ich bestreite ist die Diagnose, dass das etwas grundsätzlich Neues ist. Aber der Reihe nach.

VUCA in a Nutshell: Kurze Begriffshistorie

Es ist gar nicht so einfach, die Urheberschaft für das Label namens VUCA zu ermitteln. Nach Mack / Khare (2016) geht das Konzept auf Diskussionen in US-amerikanischen Militärhochschulen zurück, die dort in den 90er Jahren des 20. Jahrhunderts zunehmend geführt wurden. Mit Überwindung des kalten Krieges zerfiel die Welt in mehr als die bislang identifizierten 2 Blöcke. Die als neu empfundene Unübersichtlichkeit galt es sprachlich zu fassen. Dass es gleich 4 Attribute brauchte, um die Lage zu beschreiben, verweist unmittelbar auf diese Unübersichtlichkeit. Erst durch die trickreiche Bündelung der 4 Ausdrücke in einem Akronym wurde die Sache griffig. Zwar verging noch einige Zeit und bedurfte der alles überstrahlenden Entdeckung der digitalen Transformation, bis das Label Verbreitung fand. Doch mittlerweile ist «VUCA» insbesondere im Management-Sprech angekommen.

Wer sich näher für die Entwicklung des Konzepts und die Ableitungen für das Management von Organisationen interessiert, dem sei empfohlen: Mack, Oliver / Khare, Anshuman (2016): Perspectives on a VUCA World; in: Mack, Oliver / Khare, Anshuman / Krämer, Andreas / Burgatz, Thomas (eds.) (2016): Managing in a VUCA World, Heidelberg, New York usw.: Springer, S. 3–19, hier S. 5.

Die 4 Attribute des VUCA-Konzepts und warum das nichts Neues ist

Nicht zu bestreiten ist, dass die 4 Attribute des VUCA-Konzepts die aktuelle Situation plausibel beschreiben. Auch Ihnen dürften Stoßseufzer und gequälte Ausrufe wie diese bekannt sein:

- «Unsere Märkte ändern sich andauernd, berechenbare Abnehmerstrukturen existieren nicht mehr.» (Vertriebsleiter in Konsumgüterbereich)
- «Nichts ist mehr sicher!» (der kaufmännische Geschäftsführer eines Industrieunternehmens im Rahmen einer Betriebsversammlung)
- «Wir müssen unsere Produkte in erheblichem Umfang mit neuen Eigenschaften ausstatten, damit wir mit der

digitalen Transformation Schritt halten. Das erhöht die Komplexität unserer Produkte wie auch unserer Produktionsprozesse» (Herstellleiter eines Werkzeugbaubetriebs)
> «Dieser Trend könnte unsere Marktposition deutlich stärken – oder erheblich schwächen.» (Marketingchef eines Personaldienstleisters).

Doch sinngemäß waren solche Zustandsbeschreibungen schon immer zutreffend. Nicht ganz wahllos herausgegriffene Beispiele aus ganz unterschiedlichen Bereichen und Zeiten mögen dies belegen:

> **Volatil:** Jeder Landwirt weiß ein Lied davon zu singen, dass eine ausgezeichnete Jahresernte keineswegs bedeutet, dass auch im Folgejahr die Natur mitspielt. Die ist nämlich ausgesprochen volatil, also veränderlich und kaum vorhersagbar. Und das ist so, seitdem sie existiert, nebenbei bemerkt.
> **Unsicher:** Was mag der Eigentümer eines Handelskontors im 17. Jahrhundert empfunden haben, wenn sein Schiff, beispielsweise beladen mit kostbaren Gewürzen aus Indien, nicht eintraf, bevor die Saison der Herbststürme einsetzte?
> **Komplex:** Ich erinnere mich noch gut an die Zeit, in der die Computer in jeden Bereich des Lebens Einzug hielten. Als wissenschaftliche Hilfskraft am Institut für Kommunikationsforschung zu Bonn habe ich in den späten 8oer Jahren manch unschöne Stunde damit verbracht, einen in WordPerfect unter DOS erstellten Text neu formatieren zu müssen, weil der Drucker keineswegs ausgab, was er sollte. Die gute, alte, vor allem aber wenig komplexe Schreibmaschine erschien in ganz neuem Licht.

> **Ambig:** In praktisch jedem Markt hat es zu allen Zeiten überraschende Entwicklungen gegeben, deren Konsequenzen nicht eindeutig auf der Hand lagen. Bemüht sei ein jüngeres, gleichwohl populäres Beispiel: Kodak. Ich war persönlich nicht anwesend, als man bei einem der wichtigsten Hersteller von Filmen das Aufkommen der Digitalfotografie zur Kenntnis nahm, habe aber Grund zu der Annahme, dass man die Markt- wie auch technologische Entwicklung in wenig geeigneter Weise gedeutet hat.

Wir sehen: Veränderliche, unsichere, komplexe und nicht eindeutige Rahmenbedingungen gibt es nicht erst, seit es die Abkürzung VUCA gibt. Vollends absurd wird die Annahme, so etwas wie eine «VUCA-World» sei neu, spätestens dann, wenn wir in unsichere Regionen der Welt wie beispielsweise nach Afrika schauen. Nicht nur das Wirtschaftsleben ist dort permanent volatil, unsicher, komplex und mehrdeutig – und zwar seit sehr vielen Jahren. Es entbehrt nicht besonderer Ironie, dass es gerade jene westlichen Wirtschaftsmächte waren (und sind), welche die katastrophale Situation maßgeblich zu verantworten haben und nun erstaunt zur Kenntnis nehmen, dass die Zeiten schwierig sind. Fazit: VUCA war die Welt schon immer und jenseits der westlichen Industriestaaten trifft man dies in einer nochmals ganz anderen, ausgesprochen existenziellen Ausprägung an.

Nicht neu, aber nützlich: Realitätsgewinn durch VUCA

Was wirklich neu ist, das sind die Zeiträume, in denen (technologische) Veränderungen stattfinden: Die sind dramatisch kürzer. Ich sehe darin die wesentliche Ursache für das Aufkommen des VUCA-Deskriptivs, auch wenn keines der 4 Attribute explizit auf die digitale Transformation verweist (um das gängigste Thema zu bemühen, in dessen Kontext VUCA zur Rede kommt). So gesehen ist VUCA vor allem eine Selbstaussage: Seht her, nun habe auch ich bemerkt, dass die Lage schwer einzuschätzen ist.

Insofern begrüße ich trotz der üblichen, eher anstrengenden Begleiterscheinungen des Hypes die Diskussion um VUCA! Denn ganz eindeutig ist ein Gewinn zu verbuchen: ein Realitätsgewinn. Ob die Protagonisten bisher in einer realitätsfernen, abgeschirmten Modellwelt gelebt haben oder ob sie endlich eine Bezeichnung für ein bislang eher diffuses Empfinden fanden, niemand kann mehr behaupten, dass «alles ganz einfach» sei. Das Denken in Zusammenhängen, die Überwindung allzu simpler Beschreibungs- und Begründungsmuster sind unabwendbar geworden. Ich setze erhebliche Hoffnungen in diese Entwicklung, um die bislang anzutreffenden Engführungen deutlich zu erweitern. ■

II.2
Das Ganze im Blick: Kontext-Management

Immer wieder stelle ich fest, dass Unternehmensleitungen die ihnen anvertraute Organisation nach einfachen mechanistischen Modellen zu steuern versuchen. Um die Rekrutierung von Nachwuchskräften kümmert sich die Personalabteilung; Compliance ist die Aufgabe der Rechtsabteilung; geht es um Kundenzufriedenheit, kommen Qualität und Qualitätsmanagement ins Spiel; und um die Betriebsgenehmigung für die Produktion aufrecht zu erhalten, wird die Umweltabteilung wichtig, weil ein Behördenbesuch ansteht. Die Steuerung folgt also diesem Modell:

> Thema A → wird von Abteilung A behandelt
> Thema B → wird von Abteilung B behandelt
> Thema C → usw.

Zugrunde liegt eine Art linear gedachter Mechanik, die voraussetzt, dass voneinander unabhängigen Einflussgrößen durch jeweils separat und spezifisch aufgesetzte Maßnahmen angemessen zu begegnen ist. Was nicht stattfindet, ist eine Auseinandersetzung mit dem Gesamtkontext, der aus der Gemengelage aller Themen besteht, die obendrein in komplexen Wechselwirkungen zueinander stehen. Diese Gemengelage bezeichne ich (und nicht nur ich) als «Kontext», die ganzheitliche Sicht darauf und die Ausrichtung des Unternehmens auf diesen vielgestaltigen, sich zudem in permanenter Veränderung befindlichen Kontext nenne ich «Kontext-Management». Hier einige erste Schritte, wie Kontext-Management aussehen könnte.

Perspektiven, Themen und Stakeholder: der Kontext

Ausgehend vom eigenen Unternehmen und dem zugrundeliegenden Geschäftsmodel gilt es zunächst, die verschiedenen Perspektiven zu identifizieren, die für die Organisation rele-

Perspektiven	Themen
Output	• Qualität der Leistungen (Produkte, Logistik …) • Preis • Service • Kaufmännische Abwicklung • …
Input	• Lieferungen (Rohmaterialien, Halbzeug …) • Hilfsmaterialien (Schmier- / Verbrauchsstoffe, Verpackungen …) • Kapital • …
Staff	• Entlohnung • Arbeitsplatzsicherheit • Arbeitgeberattraktivität • Personalentwicklung / Weiterqualifizierung • Recruiting • Demographischer Wandel • …
Society	• Gesetzgebung / Rechtsprechung / Compliance • Nachhaltigkeit / Soziales Engagement (CSR) • …

vant sind oder relevant sein können. Diesen Perspektiven werden die entsprechenden Themen sowie Stakeholder zugeordnet. Das hieraus emergierende Geflecht bildet den Kontext, in dem das Unternehmen tätig ist. Ein (hier notwendig kurz gehaltenes) Beispiel anhand eines fiktiven Produktionsunternehmens:

Stakeholder
• Kunden • Partner (hier gemeint: verbundene Unternehmen) • …
• Lieferanten / Dienstleister für direkte Leistungen (produktbezogen) • … für indirekte Leistungen (Energie, Infrastruktur …) • Shareholder / Investoren • …
• Mitarbeiter • Interims-Manager • Zeitarbeitskräfte • Personalvertretung • Gewerkschaften • Nachwuchskräfte • …
• Parlamente / Gesetzgeber • Behörden • Parteien • NGOs • Öffentlichkeit (regional / überregional) • …

Eine so oder ähnlich gestaltete Übersicht (wie gesagt, an dieser Stelle kurz gehalten) dürfte für manches Unternehmen nicht unbedingt eine bahnbrechende Innovation bedeuten. Im Gegenteil, längst wurden die relevanten Perspektiven jeweils fachlich spezialisierten Bereichen oder Abteilungen zugewiesen: Um die Qualität kümmert sich das Qualitätsmanagement, um Compliance kümmert sich die Rechtsabteilung usf. (siehe oben). Fragt man jedoch eine beliebige Fachabteilung nach ihren thematischen Verbindungen zu anderen Aufgabenbereichen, erntet man häufig Achselzucken. Beispiel: Wer in der Personalabteilung das Thema Umweltschutz anspricht, wird dort voraussichtlich an die Umweltabteilung verwiesen. Dass jedoch ein glaubwürdig nachgewiesenes ökologisches Engagement auch bei der Rekrutierung junger Nachwuchskräfte hilft, kommt nicht ohne Weiteres in den Sinn. Was aufgrund der jeweiligen Konzentration auf die eigenen Belange häufig fehlt, mindestens aber unterkomplex gehandhabt wird, ist eine ganzheitliche Betrachtung. Hierzu bedarf es einer möglichst umfassenden Übersicht wie der hier angedeuteten. Sie bildet zudem die Grundlage für die Analyse der Wechselwirkungen zwischen Themen, Stakeholdern sowie den zuständigen Funktionen in der Organisation.

Wechselwirkungen bergen Risiken, wenn sie ausgeblendet werden

Wenn jeder seinen Job macht, was soll da schief gehen? Antwort: so einiges. Auch hier wieder einige Beispiele, die realer Unternehmenspraxis entnommen sind:

> Die betriebswirtschaftlich (Kosten!) wie auch umweltrechtlich motivierte Auslagerung «schmutziger» Prozesse an Zulieferer in Ländern, die es mit dem Umweltschutz nicht so

genau nehmen («dann haben wir nicht mehr das Problem!»), wird vom Hauptkunden festgestellt. Diese Entscheidung, die durch den Materialeinkauf in Absprache mit der Produktion, jedoch ohne Einbindung weiterer Bereiche (Sales; Marketing; Umweltabteilung) getroffen wurde, sorgt für erhebliche Belastungen der Geschäftsbeziehung.

> Das Produktmanagement eines Lebensmittelproduzenten generiert aufgrund von Marktforschungsergebnissen ein neues, an junge Zielgruppen gerichtetes Verpackungsdesign. Dies erfordert jedoch den Einsatz von Druckfarben, die auf den Verpackungsinhalt (die Lebensmittel) wirken können, wie eine viel zu spät angestoßene Laboruntersuchung ergibt. Die Fokussierung auf die Vermarktung unter Vernachlässigung von Qualitäts- und Umweltaspekten (Entsorgung) macht eine teure Rückrufaktion notwendig.
> Eine mit großer Geste angekündigte Sonderprämie für die Mitarbeiter eines erfolgreichen Projekts sorgt für Ungerechtigkeitsempfinden bei Zeitarbeitskräften, die im selben, hier prämierten Projekt tätig sind und mindestens denselben Anteil am Erfolg haben. Um die Zeitarbeitskräfte kümmern sich jedoch andere Bereiche. Schon klar, dass man den Zeitarbeitnehmern aus verschiedenen Gründen keine Prämie zahlen kann, aber zumindest eine entsprechende Dankesgeste wäre angemessen gewesen.
> Das vom Unternehmen eher als lästige Notwendigkeit und deshalb wenig glaubwürdig praktizierte gesellschaftliche Engagement spricht sich in sozialen Netzwerken herum und sorgt dafür, dass junge Nachwuchskräfte kaum noch zu gewinnen sind.

Es ließen sich zahllose weitere Beispiele anführen. Das Resultat ist stets dasselbe: Die isolierte Betrachtung einer Perspektive schafft Risiken, da die verschiedenen Perspektiven aufeinander einwirken. Sogar innerhalb einer Perspektive provoziert eine arbeitsteilige Sicht möglicherweise Konflikte zwischen verschiedenen Stakeholdern (siehe das erste Beispiel). Zusätzlich muss in Betracht gezogen werden, dass sich das Geflecht der Perspektiven und Wechselwirkungen ständig verändert – man denke an die Folgen der digitalen Transformation.

Lösungsansatz: Kontext-Radar und cross-funktionale Teams

Es braucht also einen Managementansatz, der den Kontext in seiner Gesamtheit analysiert und auf seine Relevanz für die Unternehmensführung bewertet. Wir haben gute Erfahrungen damit gemacht, in cross-funktionalen, also abteilungsübergreifenden Teams den Kontext überhaupt erst zu ermitteln (was nicht selten zu überraschenden Entdeckungen von «schwarzen Löchern» führt) und anschließend in einer Art Radar anzuordnen. Dabei lassen sich grundsätzlich unterscheiden:

> Perspektiven mit direkter, unmittelbarer Wirkung auf die Organisation
>> müssen bei kontinuierlicher Beobachtung aktiv gemanagt werden, etwa durch definierte und ständig ablaufende Prozesse, definierte Kommunikationsschnittstellen o. ä.
> Perspektiven mit potentieller Wirkung auf die Organisation
>> werden kontinuierlich beobachtet, aber nur punktuell aktiv gemanagt, etwa durch selten und nur anlassbezogen stattfindende Prozesse
> Perspektiven aus dem weiteren Umfeld
>> unterliegen aufmerksamer Beobachtung (beispielsweise regulatorische oder technologische Entwicklungen / Trends in einem frühen Stadium).

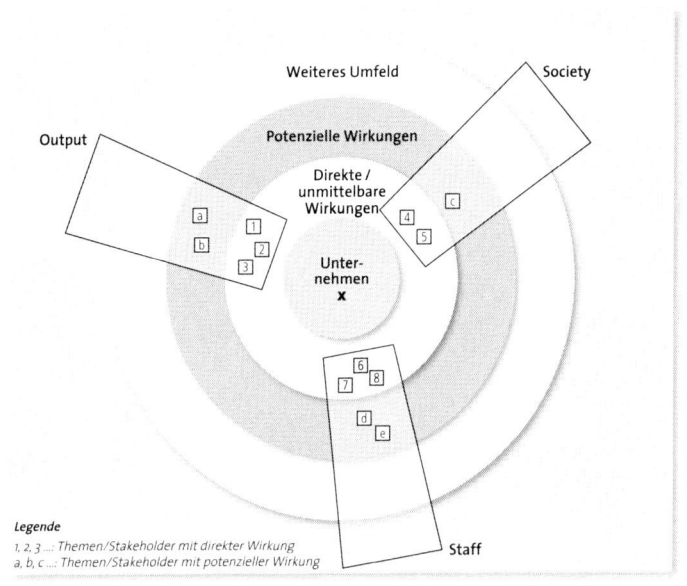

Weiteres Umfeld
Society
Output
Potenzielle Wirkungen
Direkte / unmittelbare Wirkungen
Unternehmen x
Staff

Legende
1, 2, 3 ...: Themen/Stakeholder mit direkter Wirkung
a, b, c ...: Themen/Stakeholder mit potenzieller Wirkung

Der Kontext-Radar in einer Visualisierung, hier nur angedeutet und auf die 3 Perspektiven Output, Society sowie Staff beschränkt. *Grafik: G. Wolf*

Dieser Kontext-Radar wird in einem nächsten Schritt um die Wechselwirkungen ergänzt und kann dann auf Risiken und Chancen für das eigene Geschäftsmodell bewertet werden. Aufgrund der bereits oben angesprochenen Dynamik in volatilen Zeiten ist jedoch auch der Kontext-Radar als dynamisches Werkzeug zu behandeln. Auch dieser dürfte sich immer wieder neu darstellen.

Das bedeutet Aufwand – der sich jedoch lohnt. Denn mithilfe eines Kontext-Managements wie hier aufgezeigt gewinnt die Organisation eine souveräne Position gegenüber dem für sie wirksamen Themen- und Stakeholder-Geflecht aus den verschiedenen Perspektiven. Maßnahmen können effektiv wie auch effizient in einem ganzheitlichen Sinn aufgesetzt und deutlich besser als bisher koordiniert werden, weil Folgen und Folgen von Folgen rechtzeitig zu erkennen sind. ∎

II.3
Zielvereinbarungen reloaded: Agilität und Kontext

Angekommen ist die Erkenntnis überall: Menschen wie auch Organisationen brauchen Ziele. Ziele stiften Sinn, geben dem eigenen Tun Orientierung und (sollen) motivieren, durchaus mit finanziellen Konsequenzen («Zielerreichungsprämie»). Explizit oder implizit steht dahinter der vor vielen Jahren entwickelte Ansatz «Management by Objectives», der sich so bündeln lässt:

> Vereinbare mit den Menschen relevante Ziele, deren Erreichen diese Menschen mit den ihnen bereitgestellten Ressourcen bewerkstelligen müssen.

In aller Regel liegt ein Planungszeitraum von 12 Monaten zugrunde. Zum Jahresende wird bewertet, ob und in welchem Ausmaß die Ziele erreicht wurden. Doch manchmal ist das alles Makulatur, wie die Praxis zeigt. So werden plötzlich Ziele unterjährig geändert, gestrichen oder zusätzlich aufgenommen, die den eigentlich festgelegten Zielkatalog gehörig durcheinander bringen. Das sorgt für Irritationen und stiftet zusätzlich Unzufriedenheit – denn ein prämienbewährtes Erreichen oder gar Übertreffen der vereinbarten, mit Kenngrößen hinterlegten Ziele ist meistens nicht mehr möglich.

2 Probleme der Zielvereinbarungskonzepte

In der Praxis beobachte ich 2 grundlegende Probleme, die bei den gängigen Prozeduren rund um Zielfestlegung und -vereinbarung in der Regel ausgeblendet sind:

1. Die Unterstellung von Linearität und daraus folgend Prognostizierbarkeit
2. Eine unzureichende Einbettung der Ziele in übergeordnete Kontexte.

Zu 1.
Unterstellung von Linearität und Prognostizierbarkeit
Noch in den 90er Jahren des letzten Jahrhunderts waren Planungszeiträume von 10 und mehr Jahren keine Seltenheit. Bei aller Varianz unter den Konzernen und Organisationen unterschied man die Kurzfristplanung, die Zeiträume zwischen 1–3 Jahren umfasste, von der Mittelfristplanung (zwischen 3–8 Jahren) und der Langfristplanung (8–15 Jahre). Doch diese Planungsperspektiven haben sich längst verschoben. Heutzutage reicht die Langfristplanung in kaum einem Unternehmen weiter als 6–8 Jahre und selbst die hier zusammengeführten Planungsgrößen (in der Regel Marktpositionen, Kenngrößen zur Unternehmensentwicklung sowie Finanzkennzahlen) gelten nicht als «hart». Entsprechend haben sich die Planungshorizonte für die Mittel- und Kurzfristplanung reduziert.

Die Hauptursache dieser Veränderung liegt in der sprunghaft gestiegenen Veränderungsgeschwindigkeit. Dies gilt für die Märkte, aber auch für die Produktions- und Logistikbedingungen, wie sie sich als Konsequenz einer vernetzten Welt innerhalb kürzester Zeit entwickelt haben und ständig weiterentwickeln. Wenn sich aber herausstellt, dass ein erheblicher Aufwand getrieben wird, der sich doch nicht lohnt, hört auch der letzte Traditionalist irgendwann auf damit. Zwar gibt es weiterhin rollierende, also periodisch überprüfte und entsprechend anzupassende Mehrjahresplanungen, dies jedoch bei deutlich reduzierten Planungshorizonten.

Einzig am Jahresrhythmus der Zielvereinbarungen wird unverdrossen festgehalten. Und das, obwohl auch im Verlaufe eines Jahres immer wieder Ereignisse oder Entwicklungen eintreten, die sich sofort und unmittelbar auswirken. Beispiele:

> Der Börsenkurs bricht gravierend ein, aus welchen Gründen auch immer. Das führt in aller Regel zu harten Kosteneinsparprogrammen, die schnell für drastische Kürzungen der längst bewilligten Budgets sorgen.
> Ein wichtiger Markt lässt aufgrund volkswirtschaftlicher, politischer oder anderer makrostruktureller Rahmenbedingungen, die so nicht vorhersehbar waren, nach. Kosteneinsparprogramme sind in aller Regel auch hier die Konsequenz, aber die in Zielvereinbarungen definierten Sales-Zahlen sind Makulatur.
> Kurzfristig wird ein neues Projekt aufgelegt, das erhebliche Kapazitäten bindet. Dadurch wird ein Teil der ursprünglich festgelegten Ziele über kurz oder lang heruntespriorisiert. Wenn es unfair zugeht, passiert nicht einmal das und man wird weiterhin an der Zielerreichung für etwas gemessen, das nicht mehr in der Art gilt, wie es zum Zeitpunkt der Zielvereinbarung galt.

Jedenfalls rückt mit dem neuen Projekt ein Thema in den Mittelpunkt, das voller Aufmerksamkeit bedarf – die eigentlich vereinbarten Ziele und entsprechenden Maßnahmen sind zurückzustellen.

Die Liste lässt sich beliebig verlängern. Am Ende läuft es darauf hinaus, dass heutzutage selbst für einen Planungszeitraum von gerade mal einem Jahr kaum noch stabile Rahmenbedingungen angesetzt werden können. Die Prämisse, dass sich die Dinge kontinuierlich und in gleichförmigen Schritten entwickeln wie bisher, dass also die Zukunft als lineare Fortschreibung der Vergangenheit und Gegenwart zu prognostizieren ist, muss aufgegeben werden.

Was ich vorschlage
Allerorten sollten zumindest halbjährlich, besser: quartalsweise angesetzte Ziele-Reviews angesetzt werden. Hier wird nicht nur geprüft, wie es um den Stand der Zielerreichung steht, hier gilt es auch festzustellen, ob die Ziele überhaupt noch gelten können. Prüffragen könnten beispielsweise sein:

> Hat das jeweilige Ziel noch dieselbe Relevanz wie zum Zeitpunkt seiner Festlegung?
> Stehen weiterhin die Ressourcen zur Verfügung, die bei der ursprünglichen Zielvereinbarung angesetzt wurden?
> Besteht Änderungs- / Umpriorisierungsbedarf aufgrund unvorhergesehener Entwicklungen?

Entweder ergänzend zu einem festen Review-Turnus oder anstelle eines solchen ist es vorstellbar, dass eine der beiden betroffenen Seiten (also Zielegeber = Unternehmen bzw. vorgesetzte Instanz; Zielenehmer = zugeordnete Führungskraft / zugeordneter Mitarbeiter) die grundsätzliche Möglichkeit hat, aufgrund sich abzeichnender Risiken für die Zielerreichung ein solches Review einzuberufen. Damit gewönne das Instrument der Zielvereinbarung an Agilität – und es bliebe fair.

Zu 2.:
Unzureichende Einbettung der Ziele in übergeordnete Kontexte

Ziele lassen sich hierarchisch ordnen, indem sie einem übergeordneten Ziel (also nach «oben») ebenso wie einem oder mehreren nachgeordneten Zielen (nach «unten») zuordenbar sind. Das weiß doch jeder? Mag sein, aber dennoch beobachte ich, dass zwar eine Zielableitung «nach unten» erfolgt, wenn zum betreffenden Einzelziel Maßnahmen und Meilensteine erarbeitet werden; nicht durchgängig treffe ich eine Einbettung der Ziele in übergeordnete Ziele bzw. Kontexte an. Der Einfachheit halber und zur besseren Differenzierung möchte ich übergeordnete Ziele als «Zwecke» bezeichnen.* So verstanden sind Zwecke in der Regel bereits mit der prinzipiellen Unternehmensvision bzw. dem Leitbild verknüpft. Diese stellen für jede Planung, ob lang-, mittel- oder kurzfristig, ob hoch dynamisiert oder nicht, so etwas wie die Bezugsbasis dar. Einige Praxisbeispiele für Leitsätze sind:

---

* Hinweis:
Mit Fokus auf zwischenmenschliche Kommunikation habe ich mich in einem früheren Blogbeitrag zur Unterscheidung von Zielen und Zwecken geäußert. In dem Beitrag «Zweimal blinder Fleck: Kommunikationsmanagement in der Praxis /#2» unterscheide ich Kommunikationsziele («was soll in der Kommunikation erreicht werden?») von Kommunikationszwecken («was soll durch die Kommunikation erreicht werden?»). Der Blog-Post findet sich hier: *https://axon-blog.de/zweimal-blinder-fleck-kommunikationsmanagement-in-der-praxis/*.

> «Wir bewahren unsere unternehmerische Eigenständigkeit»
> «Unser Service ist Benchmark für die gesamte Branche»
> «Wir sind Innovationsführer in unseren Märkten».

Es liegt auf der Hand, dass die Jahresziele direkt oder indirekt zu solchen übergeordneten Zwecken beitragen (müssen). Aber das ist es, was ich mancherorts als Desiderat antreffe: Ziele werden eben nicht ausdrücklich mit übergeordneten Zwecken verknüpft. Doch gerade das ist in volatilen Zeiten sehr hilfreich, um die Orientierung zu behalten. Motto: Wenn sich das Ziel ändert, dann lass uns prüfen, ob wir weiterhin in Richtung unserer Vision unterwegs sind bzw. welche Leitsätze / Prinzipien nunmehr nicht mehr unmittelbar verfolgt werden.

Dazu mein Vorschlag:
> Denken Sie Ziele stets in beide Richtungen: nach unten wie nach oben.
> Fragen Sie also, mit welchen Teilzielen und Maßnahmen sich das Ziel erreichen lässt und zu welchen Meilensteinen der Status anhand welcher Kenngrößen überprüft werden kann.
> Fragen Sie insbesondere in diese Richtung: «Wenn wir dieses Ziel erreicht haben, zu welchem Zweck trägt das bei?» Geht man der Frage ernsthaft nach, kann man durchaus Überraschungen erleben. Beispielsweise stellt sich nicht selten heraus, dass es für ein Ziel gar keinen Bezugspunkt in der Unternehmensvision gibt. Oder man bemerkt andersherum, dass für ein oder sogar mehrere Unternehmensprinzipien gar kein Ziel vereinbart wurde.

Fazit: auch weiterhin Optimierungspotential

Wie so oft hat sich auch zum Thema Ziele, Zielvereinbarungen und Co. längst ein ganzer Wald an Tools, Methoden, Sichtweisen und Beratungsansätzen entwickelt. Prozeduren und Formeln für geeignete Jahreszielvereinbarungen, Leitfäden für Ziele-Reviews wie IT-basierte Systeme zum Ziele-Tracking sind allerorten etabliert. Doch vielerorts besteht Optimierungspotential, das an 2 Termini festgemacht werden kann: Agilität und Kontextualisierung. ■

II.4
Sinn machen.
Eine aktuelle Fundamentalkategorie aus wissenssoziologischer Sicht

Ab und zu – vielleicht sogar zu selten – werden in den Unternehmen die großen Fragen gestellt. «Wo werden wir in 5 Jahren stehen?» «Warum sollten junge High Potentials bei uns arbeiten wollen?» «Was unterscheidet uns wirklich von den Wettbewerbern?» «Welche Grundüberzeugungen und welche Werte teilen wir?» «Wie und mit welchen neuen Lösungen können wir neue Kunden gewinnen?»

Sinnfragen – nach Sinn fragen

Wer solche Fragen stellt, fragt nach Sinn. Dabei ist «Sinn» ein sehr vielschichtiges Wort, wie bereits unsere Alltagssprache zeigt. Einige Beispiele:

> Ausdrücke wie «Scharfsinn» oder «Tiefsinn» deuten an, dass wir «Sinn» oftmals mit dem Verstand verbinden. Auch dann, wenn wir an den Ergebnissen geistiger Tätigkeit zweifeln, setzen wir Komposita mit «Sinn» ein. Beispiele sind der «Unsinn», der «Blödsinn» oder der «Nonsens», wörtlich als «Nicht-Sinn» zu verstehen. Der «sensus», also das lateinische Wort für «Sinn», ist im Übrigen die etymologische Wurzel für «Sinn».
> Ebenso verwenden wir «Sinn» im Zusammenhang mit Stimmungen, Gefühlen oder mit unserer emotionalen Grundeinstellung. Dann geht es gerade nicht um Verstand und Geist, sondern beinahe um deren Gegenteil: «Leichtsinn», «Starrsinn» oder «Eigensinn», aber auch «Frohsinn» erinnern uns daran.

> «Sinn» kann auch als Kategorie der Interpretation dienen, etwa wenn wir nach dem «Sinn» einer Aussage fragen. Dann fragen wir bei einem Diskussionsbeitrag nach seiner Bedeutung.

Und dann gibt es noch den «Sinn» im eingangs skizzierten – Sinn: als Paraphrase für Orientierung, Richtung, Ziel und Zweck.

Die tiefe Wurzel einer Managementkategorie

Gerade in dieser Hinsicht hat es der Ausdruck in den letzten Jahren zu Ruhm gebracht: «Sinn» ist zu einer fundamentalen Managementkategorie geworden, etwa wenn es darum geht, die Organisation (neu) auszurichten oder Führung und Leadership (neu) zu interpretieren. Wer hier die Vokabel «Sinn» verwendet, hat meistens keine Verständigungsschwierigkeiten: Alle wissen, dass es jetzt um (übergeordnete) Orientierung geht.

Ein Grund für dieses Funktionieren scheint mir zu sein, dass wir alle sehr geübt darin sind, «etwas» mit Sinn zu versehen. Dieses Etwas, das wir alle mehr oder weniger bewusst zu etwas Sinnvollem machen, ist unser Handeln, also unser bewusstes Tun, Unterlassen und Dulden. Anlass genug, um sich mit dem menschlichen Handeln etwas näher zu befassen.

Alfred Schütz (1899–1959)

Eine sehr gründliche Auseinandersetzung mit der Funktionsweise «sinnvollen Handelns» hat vor mehr als 80 Jahren der österreichische Gelehrte Alfred Schütz vorgelegt. Schütz, der später aus Nazi-Deutschland in die USA emigrieren musste, veröffentlichte 1932 seine Monographie «Der sinnhafte Aufbau der sozialen Welt. Eine Einleitung in die verstehende Soziologie» (ich verwende die Ausgabe aus dem Jahr 1981, als 2. Auflage erschienen bei suhrkamp taschenbuch wissenschaft in Frankfurt a.M.). In seinem komplexen und nicht einfach zu lesenden Werk entwickelt Schütz eine Theorie sinnvollen Handelns, die über die von ihm sehr geschätzten Gelehrten Edmund Husserl und Max Weber (sowie manch andere) hinausweist. Obwohl Schütz großen Einfluss auf verschiedene Richtungen der Soziologie und Philosophie hatte und bis heute hat, ist sein Modell populärwissenschaftlich weitgehend unbeachtet geblieben. Es liefert jedoch die Erklärung dafür, weshalb wir miteinander über den «Sinn» einer Organisation sprechen können.

«Sinn» ist nicht einfach «da»

Für Schütz ist «Sinn» etwas, das durch ein Individuum konstruiert wird und sich nicht einfach ergibt. Konstruiert wird der spezifische Sinn durch die Art der Zuwendung auf ein wahrgenommenes Erlebnis. In Schütz' Worten: «Sinn ist (…) die Bezeichnung einer bestimmten Blickrichtung auf ein eigenes Erlebnis, welches wir (…) als wohlumgrenztes nur in einem reflexiven Akt aus allen anderen Erlebnissen herausheben können.» (Schütz 1981, S. 54). So, wie ich meine Aufmerksamkeit auf etwas richte, produziere – wir können auch sagen: «mache» – ich dessen Sinn für mich.

Sinn ist damit an ein Bewusstsein gebunden, denn Erlebnissen, die mir nicht bewusst sind, vermag ich keinen Sinn zuzusprechen. Hier spricht Schütz von «Verhalten». Von solchen vorbewussten Zuständen, Erlebnissen oder Verhaltensweisen unterscheidet Schütz die Handlungen, die ich entweder plane oder durchgeführt habe. Handlungen sind damit «Sinn-volles Verhalten». Sie werden «Sinn-voll» durch ihr Resultat – entweder das angestrebte Resultat (= Zweck des Handelns) im Fall einer geplanten, aber noch gar nicht begonnenen Handlungsplanung, oder das tatsächlich Erreichte nach Abschluss dieser Handlung. Diesen Handlungsresultaten bzw. Zuständen wende ich mich in einem reflexiven Akt und damit bewusst und absichtsvoll zu. Mit dieser Zuwendung in ihrer Spezifik gebe ich dem anstehenden Handeln seinen bzw. der vollzogenen Handlung ihren Sinn. Handeln unterscheidet sich also von ungerichtetem Fühlen und bloßem Verhalten durch den absichtsvollen Akt der Zuwendung – und damit durch den Sinn, den die spezifische Art der Zuwendung produziert. Dieser Sinn gibt dem tatsächlichen Handeln seine Orientierung. Verkürzt lässt sich ableiten: Der Sinn des Handelns besteht in den durch die abgeschlossene Handlung erreichten Zwecken, die wiederum in der Phase der Handlungsplanung entworfen wurden. Der Sinn einer abgeschlossenen Handlung, die ich in den Blick nehme, besteht aus der Art der Zuwendung auf dieses abgeschlossene Handeln. Vorentworfener Sinn und das reale Handlungsresultat mit seiner nachträglichen Sinn-Zuweisung können sich durchaus unterscheiden, wie sich ergänzen lässt – und wie die Lebenserfahrung lehrt. Die durchaus komplexe Sicht soll die Grafik auf Seite 75 veranschaulichen.

Die Schritte 1. und 2. finden vor dem eigentlichen Handeln statt. Zu einem Jetzt-Punkt entwerfe – synonym: plane – ich mein Handeln, indem ich das angestrebte Handlungsergebnis phantasierend vorwegnehme. Durch die Art meiner Zuwendung auf diesen geplanten, «jetzt» noch nicht zustande gebrachten Zustand produziere ich den Sinn dieses Handelns. Mit Schritt 3 beginnt das eigentliche Handeln als absichtsvolles Tun (symbolisiert durch den gestrichelten Pfeil), das schließlich mit 4. beendet ist. Die Art meiner Zuwendung auf dieses nunmehr reale Handlungsergebnis konstruiert erneut Sinn – der

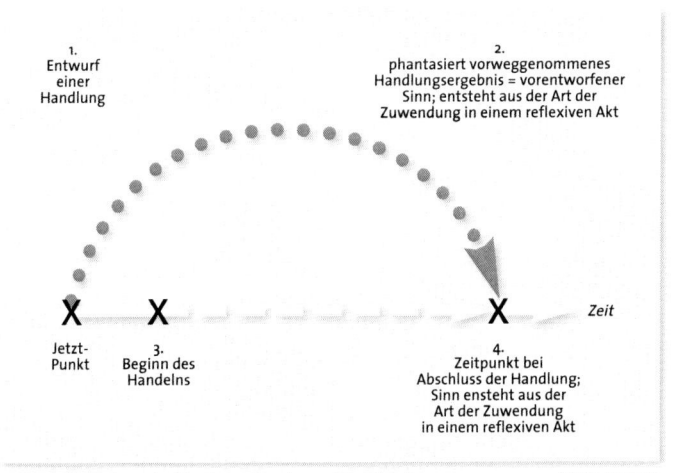

```
1.                                    2.
Entwurf              phantasiert vorweggenommenes
einer               Handlungsergebnis = vorentworfener
Handlung              Sinn; entsteht aus der Art der
                    Zuwendung in einem reflexiven Akt
```

X   X   X   Zeit

```
Jetzt-       3.                             4.
Punkt    Beginn des                     Zeitpunkt bei
         Handelns                   Abschluss der Handlung;
                                      Sinn entsteht aus der
                                        Art der Zuwendung
                                     in einem reflexiven Akt
```

Verkürzte Darstellung der Handlungstheorie von Alfred Schütz   Grafik: G. Wolf

dem in 2. entworfenen Sinn entsprechen kann, aber nicht entsprechen muss.

Es wird an dieser Stelle darauf verzichtet, die Handlungstheorie von Alfred Schütz in ihren für ein grundlegendes Verständnis wichtigen Aspekten weiter darzulegen.

Individueller Sinn und Unternehmenssinn: dieselben Konstruktionsprinzipien

Ich möchte herausstellen:
> «Sinn» ist das Ergebnis einer Reflexion, wird also «gemacht». Sinn ist nicht einfach da oder ergibt sich von selbst.
> Sinn ist etwas, das wir alle permanent produzieren, nämlich in Bezug auf unser eigenes Handeln (was im Übrigen auch für das Handeln anderer gilt, aber darauf gehe ich hier nicht näher ein).

> Sinn wird sowohl vorentworfen – nämlich in der Handlungsplanung – als auch rückblickend zugewiesen. In beiden Fällen produziere «ich» Sinn durch einen reflexiven Akt, der seine Spezifik aus der kognitiven, emotionalen und intentionalen Art meiner Zuwendung gewinnt.

Wesentlich ist, dass Schütz' Ansatz die Kategorie «Sinn» untrennbar mit dem Handeln, also mit bewusstem und absichtsvollem Tun verknüpft. Genau diese Grundüberlegung lässt es zu, die Sinn-Orientierung individuellen Handelns auf das Handeln von Wirtschaftsorganisationen zu übertragen. Fragen nach dem Sinn verhandeln am Ende Orientierung, unabhängig davon, ob es um eine strategische Ausrichtung, um die gemeinsamen Werte, um ein neues Produkt oder um die Verbesserung der Zusammenarbeit im Team geht. Für ein Unternehmen geht es also darum, Sinn bereitzustellen, um dem individuellen wie kollektiven Handeln Orientierung zu bieten. Schütz' Ansatz hilft, diesen Vorgang besser zu verstehen. ■

II.5
«Wolle die Wandlung»: Über die Sinne zum Sinn

Eine tiefgreifende Veränderung der Unternehmenskultur: So definiert sich oftmals das Ziel von Change-Projekten. Der Erfolg? Naja. Durch die Bank zeigt sich, dass eine nachhaltig wirksame Veränderung der Unternehmenskultur einer Veränderung der persönlichen Haltung bedarf. Leicht gesagt: Welche erwachsene Person ändert mal eben ihre fundamentalen Ansichten, ihre Prinzipien und Werte? Und doch lässt sich kein realer Wandel von der eigenen Person fernhalten, nach dem Motto: Mag sich ruhig alles ändern, für mich bleibt alles beim Alten. Die Notwendigkeit persönlicher Veränderungsbereitschaft verschärft sich nochmals in Zeiten der digitalen Transformation. Denn selbst tiefgreifende Veränderung ist heutzutage nicht mehr Episode, die sich aussitzen ließe und bald wieder vorbei ist. Change ist Dauerzustand. Das bedeutet den Verlust von Vertrautheit, Sicherheit und Stabilität und das ist für keinen Menschen leicht. Wie lässt sich der dennoch notwendige Wandel in der persönlichen Haltung unterstützen? Die notorischen Kommunikationskampagnen, ob mit oder ohne Social Media, bieten zumeist lediglich mehr vom selben. Müde winkt die Mannschaft ab: «Hatten wir doch alles schon.» Neues braucht Anderes.

Abenteuerliche Wege ins Change-Abenteuer

Für einen wirklich fundamentalen Wandel in der persönlichen Haltung braucht es einen Impuls, der sich signifikant abhebt vom üblichen Instrumentarium. Schon seit Jahren setzen Unternehmen deshalb auf ungewöhnliche Wege, die sich bei verschiedenen kulturellen Genres bedienen. Beispiele sind das

Business-Theater, das mit den Möglichkeiten eines theatralischen Zugangs auf tief verankerte Glaubenssätze aufmerksam machen kann. Ebenso sind musikalische Interventionen anzutreffen wie etwa Drum Circles. Hier wird sprichwörtlich auf die Pauke gehauen, es geht darum, im Takt (bzw. «in-takt») zu sein, um gemeinsam einen Rhythmus und ein Tempo zu finden. Selbst Techniken der bildenden Kunst lassen sich nutzen wie etwa der Einsatz von Collagen. Vielleicht ließen sich diese Zugänge als «Kunst» klassifizieren, aber das mag etwas vermessen klingen. Wie auch immer bezeichnet: Wir konnten mit solchen Methoden in manchen Projekten gute Erfolge erzielen.

Die Idee ist also, das Neue auf eine neue Art zu beginnen, um tief verankerte persönliche Haltungen zu erreichen. Selbstverständlich lassen sich Menschen am Ende nur über Argumente und Diskussion überzeugen. Aber «nur» über die Sache erreichen wir die Menschen nicht in ihren persönlichen Einstellungen und Haltungen: Der Weg führt über die Sinne zum Sinn! Genau hierin liegt die Chance für Change.

Aber machen wir uns nichts vor: Der Widerstand kann sehr schnell ziemlich groß werden. Gerade Menschen, die sich ohnehin schwer tun mit Veränderungen, wehren neue Zugänge ab. Schnell versteckt man sich hinter rationalisierenden Vorwänden, etwa wenn die gewählte Methode bereits verunglimpft wird, bevor es überhaupt richtig losgegangen ist («sind wir im Kindergarten gelandet?»). Insofern ist sehr genau abzuwägen, welche Intervention zum angestrebten Veränderungsvorhaben passt – und dabei trotzdem ausreichend irritiert.

Lyrik – mehr Irritation geht kaum

Man frage eine beliebige Person danach, was sie am meisten in der Schule gehasst hat. Auf den vorderen Plätzen findet sich stets «Gedichte lernen und aufsagen» (oftmals neben der Mathematik). Das geht Ihnen genauso? Wunderbar, genau deshalb lade ich Sie zu einem Experiment ein, das Sie direkt als Test für Ihre eigene Veränderungsbereitschaft nutzen können. Ich möchte Ihnen ein Gedicht – eigentlich: ein Sonett – von Rainer Maria Rilke vorstellen, in dem es um nichts anderes als um Veränderung geht. Hier ist es:

«*Wolle die Wandlung. O sei für die Flamme begeistert,*
drin sich ein Ding dir entzieht, das mit Verwandlungen
prunkt;
jener entwerfende Geist, welcher das Irdische meistert,
liebt in dem Schwung der Figur nichts wie den wenden-
den Punkt.
Was sich ins Bleiben verschließt, schon ists das Erstarrte;
wähnt es sich sicher im Schutz des unscheinbaren Grau's?
Warte, ein Härtestes warnt aus der Ferne das Harte.
Wehe –: abwesender Hammer holt aus!
Wer sich als Quelle ergießt, den kennt die Erkennung;
und sie führt ihn entzückt durch das heiter Geschaffne,
das mit Anfang oft schließt und mit Ende beginnt.
Jeder glückliche Raum ist Kind oder Enkel von Trennung,
den sie staunend durchgehn. Und die verwandelte
Daphne
will, seit sie lorbeern fühlt, daß du dich wandelst in Wind.»[*]

---

[*] Rainer Maria Rilke, Die Sonette an Orpheus 2. Teil, Sonette XXII; geschrieben als ein Grab-Mal für Wera Ouckama Knoop, Chateau de Muzot im Februar 1922; aus: Rainer Maria Rilke (2003¹⁴), Die Gedichte, S. 702 f., Frankfurt a.M.: Insel Verlag. Zitiert nach: http://gutenberg.spiegel.de/buch/sonette-an-orpheus-9414/39 [28.11.2018]
Den Hinweis auf dieses Sonett verdanke ich meinem Freund Ully, der es mir während einer Autofahrt durch Norditalien vorlas, als wir ein wenig auf den Spuren Rilkes unterwegs waren.

Noch dabei? Gut. Ich finde, dass dieses wunderbare Gedicht geradezu radikal die Bereitschaft zu Veränderung und Change (bei Rilke: «Wandlung») feiert. Ein bisschen Gedichtinterpretation, was ebenfalls auf vorderen Plätzen meistgehasster schulischer Inhalte geführt wird:

> Rilke geht direkt in die Vollen, wenn er mit dem Imperativ beginnt, dass man die Wandlung zu wollen habe. Selbst ein sich veränderndes Ding, das doch «Wandlung» genug sein sollte, reicht ihm nicht, setzt er es doch schon in der zweiten Zeile den Flammen aus. Und so geht es weiter, wenn er etwa den wendenden Punkt begrüßt, das Bleiben mit dem Erstarrten gleichsetzt oder mahnend darauf hinweist, dass alles Harte bald einem Härtesten ausgesetzt sein werde: Schon hole ein (noch) abwesender Hammer aus.

> Aber Rilke belässt es nicht bei mahnenden Hinweisen. Der Figur des Sonetts folgend wechselt er nach den beiden vierzeiligen Strophen die Perspektive, die er in den beiden Terzetten entwickelt. Jenen, die sich der Wandlung nicht verschließen, winken Verzücktheit, Heiterkeit, Staunen und Glück.

> Sein Gegenentwurf spricht von Offenheit als Voraussetzung für Erkenntnis («wer sich als Quelle ergießt, den kennt die Erkennung»), vom heiter Geschaffenen, das «mit Anfang oft schließt und mit Ende beginnt».

Es ist doch unglaublich, dass Rainer Maria Rilke vor fast 100 Jahren eine Lyrik gelang, die sich derart passend auf die Veränderungsvorhaben in den Unternehmen und Organisationen von heute anwenden lässt. Es ist nicht nur die begrüßende Haltung: Rilke will sogar die Veränderung verändern. Und auch sein mahnender Ruf passt auf aktuelle Beispiele: Wie oft wird

Veränderung propagiert, wird Change durchkonzipiert, pilotiert und ausgerollt; aber das Konzept selbst ist fix und wird gegen etwaige Anpassungen oder Veränderungsbedarfe abgeschirmt.

Wolle die Lyrik

Ich will mich gar nicht weiter an der Interpretation versuchen. Lässt man sich auf die Sprache ein, wird schnell deutlich, worauf Rilke hinaus will. Doch neben dem Sinn ist es die Sinnlichkeit, aus der eine eigene Schönheit entsteht – wenn man es zulässt. Probieren Sie es aus! Ich empfehle, Rilkes Text laut zu sprechen. Lesen Sie ihn nicht nur einmal und deklamieren Sie ihn, womöglich sogar etwas pathetisch (vermutlich ist es einfacher, wenn niemand zuhört). Lauschen Sie dem Klang der Wörter, spüren Sie dem Rhythmus der Sprache nach. Wenn wir uns überwinden und auf etwas einlassen, das wir ursprünglich nicht mochten, dann kann das einen persönlichen Veränderungsprozess einleiten. Genau das ist es, was wir brauchen. Auch wenn es ziemlich lange her sein dürfte, dass Sie sich mit einem Gedicht auseinandergesetzt haben: Es lohnt sich. ■

INTERNE KOMMUNIKATION

III.1
Management der internen Kommunikation.
Teil 1:
Der Stoff, aus dem die Unternehmen sind

«Wer unsere interne Kommunikation macht? Die macht unsere Kommunikationsabteilung.» Kennen Sie diese Antwort? Ich höre sie ziemlich häufig, insbesondere in großen Unternehmen, die eine «Kommunikationsabteilung» eingerichtet haben. Mit großem Selbstbewusstsein geben die Profis in den Kommunikationsabteilungen übrigens dieselbe Antwort. Das Besondere an dieser Antwort: Sie ist beinahe komplett unzutreffend. Noch bemerkenswerter sind aber die Konsequenzen, die aufgrund dieser Fehleinschätzung gezogen werden.

Innerhalb einer Organisation wird andauernd kommuniziert. Und zwar von jedem: Terminklärungen, inhaltliche Absprachen, Abstimmen über die Erledigung von Aufgaben, Informieren über geplante Maßnahmen, Koordinieren von Aktivitäten, Teilnahme an Meetings, Projektergebnisse präsentieren und so fort. Selbst der einsam forschende Entwickler nutzt Erkenntnisse, wie sie in Berichten, Auswertungen, in Zahlenreihen oder Texten abgelegt sind – nichts anderes als geronnene Kommunikation. Und produziert seinerseits genau das: Berichte, Zahlenreihen, Einschätzungen – die wiederum anderen vorgelegt werden, um dort beispielsweise einen Entscheidungsprozess zu ermöglichen. Fast unnötig darauf hinzuweisen, dass auch diese Entscheidungsprozesse kommunikativ getragen sind. Es existiert vermutlich in keinem Unternehmen dieser Welt irgendein Prozess, der komplett kommunikationslos ausgeführt werden könnte. Mindestens aber ist jeder Prozess in kommunikativ getragene Prozessketten eingewoben.

Prozesskommunikation und Zentralkommunikation

Ich fasse diese unzähligen und mannigfaltigen Kommunikationen unter dem Term «Prozesskommunikation» zusammen. Bei Prozesskommunikation handelt es sich also um solche Kommunikation, die im Zusammenhang der Erledigung der gestellten Aufgaben ausgeführt wird. Wie gezeigt passiert genau das permanent und so gilt: Prozesskommunikation ist allgegenwärtig, in jeder Organisation.

Deshalb «macht» nicht eine vergleichsweise kleine Gruppe von Personen – gemeint: die Mitarbeiterinnen und Mitarbeiter der Kommunikationsbereiche – die Kommunikation. Zwar wird hier durchaus Kommunikation «gemacht», aber eben nicht nur hier. Und auch «nur» eine besondere Form der organisationsinternen Kommunikation, die ich als «Zentralkommunikation» bezeichne und damit von der Prozesskommunikation abgrenze. Unter Zentralkommunikation verstehe ich solche kommunikativen Handlungen, die von einer zentralen Stelle (wie beispielsweise der Kommunikationsabteilung) inszeniert und betreut werden und an organisationsinterne Zielgruppen gerichtet sind. Über Medien wie die Mitarbeiterzeitung, Aushänge, Flyer, Social Media oder das Intranet werden zentrale Botschaften der Unternehmensleitung vermittelt und «in die Mannschaft» gebracht.

Damit ich nicht falsch verstanden werde: Keineswegs stelle ich die Bedeutung der Zentralkommunikation in Abrede. Selbstverständlich ist es für jede Organisation wesentlich, dass sie eine zentral gesteuerte Kommunikation über ihre Werte, Ziele, die neue Strategie und viele andere Themen führt. Mir geht es darum, die professionelle Verblendung zu attackieren, die auch schon mal in Selbstüberhöhung münden kann: Es ist ganz einfach falsch, lediglich die professionell betriebene Zentralkommunikation als allein existierende Kommunikation anzusehen. Was daran schlimm ist? Es entzieht einen riesengroßen Bereich kommunikativen Handelns, nämlich die Prozesskommunikation, den Prinzipien und Methoden moderner Managementkonzepte. Und es führt dazu, dass falsche Schlüsse gezogen werden.

Kronzeuge und Kernthesen

Niklas Luhmann (1927–1998) darf wohl als einer der einflussreichsten Vertreter der deutschsprachigen Soziologe der letzten 50 Jahre gelten. Ohne hier auch nur annähernd sein Werk referieren zu wollen, möchte ich einen für Luhmann zentralen Aspekt seiner Theorie der sozialen Systeme herausstellen. Für Luhmann bestehen Organisationen, die er als eine Ausprägung sozialer Systeme ansieht, nicht aus Menschen, sondern aus Kommunikationen:

> «Soziale Systeme bestehen demnach nicht aus Menschen, auch nicht aus Handlungen, sondern aus Kommunikationen.» (Niklas Luhmann [1990³]: Ökologische Kommunikation. Kann die moderne Gesellschaft sich auf ökologische Gefährdungen einstellen?, Opladen).

Diese radikale Position ist nicht unwidersprochen geblieben. Die Kritik bezieht sich auf Luhmanns Aussage, dass soziale Systeme (und damit auch Organisationen) nicht aus Menschen bestünden. Nicht nur ich vertrete die Auffassung, dass diese Sichtweise höchstens aus abstrakter Perspektive weiterführen kann. Luhmanns Kernaussage möchte ich jedoch aufgreifen und für meine Überlegungen nutzen, indem ich formuliere:

Soziale Systeme und damit auch Organisationen (für Luhmann gibt es auch andere soziale Systeme als eine Organisation, zum Beispiel die Gesellschaft) sind aus Kommunikation «gemacht». Ohne Kommunikation existiert die Organisation nicht.

Wie gesagt, ich riskiere an dieser Stelle eine äußerst verkürzte Bezugnahme, die Luhmanns komplexer Theorie nicht gerecht wird und gerecht werden kann. Doch in diesem Kernstück der Luhmannschen Theorie finde ich Bestätigung für meine These, dass Kommunikation innerhalb einer Organisation umfassend zu sehen ist – und keineswegs auf die Zentralkommunikation reduziert werden kann. Pointiert lässt sich formulieren: Kommunikation ist der Stoff, aus dem die Unternehmen sind.

Ich bündele wie folgt:
1. Alle Insassen einer Organisation sind «Macher» der (organisations-) internen Kommunikation. Und zwar permanent, weil alle permanent kommunizieren. Sie tun dies, um Tätigkeiten und Prozesse auszuführen, deren Ausrichtung und Ablauf oftmals durch «Prozessmanager» gesteuert werden. Diese Arena der unternehmensinternen Kommunikation bezeichne ich als «Prozesskommunikation». Ihre Qualität entscheidet über Effizienz und Effektivität, aber auch über die Zufriedenheit mit dem Job.
2. Die Kommunikationsabteilungen, Kommunikationsbereiche oder wie immer deren Bezeichnung lautet, «machen» lediglich einen sehr kleinen Teil dieser internen Kommunikation, gemessen am Gesamtaufkommen der internen Kommunikation. Ich bezeichne diesen kleinen Teil der internen Kommunikation als «Zentralkommunikation». Auch die Zentralkommunikation nimmt eine wesentliche Funktion im Kommunikationsgeschehen ein, weil sie nach wie vor als Stimme der Unternehmensleitung wahrgenommen wird.

3. Im Feld der geplanten Kommunikation existieren neben der Prozesskommunikation und der Zentralkommunikation die Kommunikationstrainings. Diese werden in der Regel durch die Personalentwicklungsbereiche veranlasst und dienen der Vermittlung kommunikativer Fertigkeiten wie beispielsweise Vortragstechniken, Gesprächsführung, Dialektik, Konfliktmanagement oder Moderation. Nahezu immer sind diese Trainings auf die kommunikative Rolle des Sprechers fokussiert. Die Fertigkeiten als Hörer bleiben weitestgehend unreflektiert. Kommunikationstrainings sind insofern kommunikativ relevant, als selbstverständlich auch in diesen Settings kommuniziert wird. Da diese Kommunikation als Lehr-Lern-Prozess zu begreifen ist, der durch die Personalentwicklung bzw. den durch sie beauftragten Vermittler (also die Trainerin, der Facilitator oder wie immer bezeichnet) inhaltlich vorgegeben ist, können Kommunikationstrainings in einem weiten Sinn als eine Art der Zentralkommunikation aufgefasst werden.

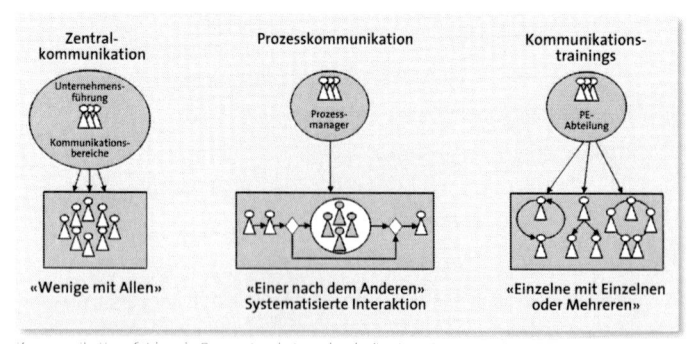

Zentralkommunikation	Prozesskommunikation	Kommunikationstrainings
Unternehmensführung / Kommunikationsbereiche	Prozessmanager	PE-Abteilung
«Wenige mit Allen»	«Einer nach dem Anderen» Systematisierte Interaktion	«Einzelne mit Einzelnen oder Mehreren»

Kommunikationsfelder als Gegenstand eines durchgängigen Managementansatzes

Grafik: G. Wolf

Der folgende zweite Teil analysiert die organisationsinterne Kommunikation anhand dieser Unterscheidungen. Denn für eine Verbesserung der internen Kommunikation bedarf es eines ganzheitlichen Kommunikationsmanagements. ■

III.2
Teil 2:
Ressource Kommunikation und die Rolle der Kommunikationsabteilung

Es ist geradezu bedrückend feststellen zu müssen, mit welcher Naivität die Ressource «Kommunikation» in den meisten Unternehmen behandelt wird. Ich beziehe dies vorrangig auf jene Formen interner Kommunikation, die unter «Prozesskommunikation» zu fassen sind. Denn für die «Zentralkommunikation», also solche Kommunikation, die als «Stimme der Unternehmensleitung» über verschiedene Medien und Kanäle fungiert und sich grundsätzlich an alle Mitarbeiterinnen und Mitarbeiter des Unternehmens richtet, gilt der Befund der Naivität keineswegs: Zentralkommunikation ist (glücklicherweise) längst als ein wesentliches Instrument der Unternehmensführung anerkannt. Deshalb finden sich nicht mehr nur in großen und sehr großen, sondern zunehmend auch in mittelständischen Unternehmen auf interne Kommunikation spezialisierte Organisationseinheiten mit direkter Berichtslinie zur Unternehmensleitung.

Profis am Start: Zentralkommunikation

Kommunikationsabteilungen – oder wie immer die für die interne Zentralkommunikation zuständigen Organisationsbereiche bezeichnet sein mögen – haben sich in den vergangenen 2 Dekaden deutlich professionalisiert. Zwar ist weiterhin festzuhalten, dass die interne gegenüber der externen Kommunikation allzu häufig geringer geschätzt und mit kleineren Budgets ausgestattet wird. Dennoch sind die Zeiten vorbei, in denen das Geschäftsführungssekretariat oder die Marketingabteilung nebenbei die Mitarbeiterzeitung betreuen und mal eben die 25-Jahresfeier der Firma organisieren. Methodisch haben die Betreuer der internen Kommunikation von der Kommunikationsindustrie, die sich bis zum heutigen Tag überwiegend mit der externen Kommunikation befasst, gelernt, wie sich an verschiedenen Indikatoren ablesen lässt:

> Kommunikationsziele werden klar definiert und mittlerweile sogar mit messbaren Kennzahlen hinterlegt.
> Kommunikationsstrategien zur Realisierung dieser Ziele werden ausgearbeitet und in handfeste Planungen überführt.
> Vereinzelt hat sich sogar herumgesprochen, dass Kommunikationsziele und -strategien günstigerweise mit den Unternehmenszielen sowie der Unternehmensstrategie koordiniert sein sollten (bis das zur Selbstverständlichkeit geworden ist, dürfte es jedoch noch etwas dauern).
> Neue Medien werden frühzeitig auf ihre Potentiale bewertet und für die Zwecke der Organisation aufbereitet. Vor allem anderen ist derzeit auf die enorme Resonanz hinzuweisen, die Plattformen rund um Social Media genießen, insbesondere als neues Medium für interne Kommunikation und Kollaboration in international aufgestellten Unternehmen.
> Die Qualifikation der «Macher» interner Kommunikation ist Gegenstand sorgfältiger Personalentwicklung.

Und so fort. Doch wie gesagt: Alle errungene Professionalität bezieht sich auf die Zentralkommunikation. Und eben nicht auf die Kommunikation, die permanent und ohne Zutun der Profis stattfindet: Die Prozesskommunikation ist nach wie vor sich selbst überlassen.

Grotesk übersehen und unterschätzt: Kommunikation als Ressource

Ein kleines Gedankenexperiment soll verdeutlichen, warum ich solchen Wert auf Prozesskommunikation lege:

> Stellen wir uns mit Frau Scheffin eine Führungskraft im mittleren Management des Unternehmens «Beispiel AG» vor: Sie sei Leiterin des Qualitätslabors. Die Beispiel AG habe 2.000 Mitarbeiter und eine 5köpfige Kommunikationsabteilung, in der sich 2 Personen um die interne Kommunikation kümmern (was durchaus viel wäre).
> Nehmen wir an, dass Frau Scheffin 80 % ihrer Arbeitszeit kommunizierend verbringt: Sie gibt Anweisungen, führt Mitarbeitergespräche, spricht Planungen ab, lässt sich berichten und berichtet wiederum ihrer Vorgesetzten. Außerdem nimmt sie an zahlreichen Meetings teil. All das fällt unter «Prozesskommunikation». Weil Frau Scheffin sehr viel arbeitet, nehmen wir an, dass diese Prozesskommunikation einen Umfang von 35 Stunden pro Woche hat (was vermutlich noch zu gering angesetzt ist, aber bleiben wir dabei).
> Und nun setzen wir den zeitlichen Umfang dagegen, den Frau Scheffin für die Zentralkommunikation aufbringt, also für die Lektüre der Mitarbeiterzeitung, Surfen im Intranet und dort Lektüre von Unternehmensmeldungen, Bedienung von Social Media, Teilnahme an Town Hall Meetings des Vorstands und weitere Formen der Zentralkommunikation. Ich will großzügig sein und sage: Es seien 2 Stunden pro Woche! Und selbst wenn es 5 Stunden pro Woche wären (also 1 Stunde pro Tag für die Lektüre von Mitarbeiterzeitung, Surfen im Intranet usw., was ein absurd hoher Zeitansatz wäre), dann sind 35 Stunden Pro-

zesskommunikation vs. 2–5 Stunden Zentralkommunikation (und real sind es vermutlich sogar weniger als 2 Stunden pro Woche) anzusetzen.

> Es ergibt sich: Aus Sicht von 1.995 Adressaten zentralseitiger Kommunikation (nämlich 2.000 Mitarbeiter minus 2 «Macher» der internen Kommunikation; die anderen 3 Mitarbeiter der Kommunikationsabteilung rechne ich hinzu) sind bei einer 40-Stunden-Woche (schon klar: nicht alle haben eine 40-Stunden-Woche, aber so lässt sich leichter rechnen) ca. 10 % der Kommunikationszeit in der Beispiel AG (real wären es vermutlich eher 2–3 %) professionell gestaltet. Rund 90 % dagegen (eigentlich sogar fast 100 %) sind es nicht.

> In der Beispiel AG werden also rund 70.000 Stunden pro Woche kommunizierend verbracht, ohne dass diese (Prozess-) Kommunikation ernsthaft den üblichen Ansprüchen nach professionellem Management standhielte. Sie finden die Zahl zu hoch? Ok, ich reduziere um mehr als die Hälfte und setze 30.000 Stunden pro Woche an, die latent ineffizient sind. Multipliziert mit dem durchschnittlichen Verrechnungssatz pro Arbeitsstunde, den ich vorsichtig mit EURO 100,– ansetze (ein vermutlich viel zu geringer Wert), riskiert die Beispiel AG pro Woche Effizienzeinbußen in Höhe von EURO 3.000.000,–. Multipliziert mit 50 Jahreswochen landen wir bei EURO 150.000.000,–. Viel zu hoch? Vollkommen unmöglich? Gut, ich reduziere nochmals pauschal auf 20 % dieser Summe – immer noch bleibt ein ziemlich relevantes Effizienzrisiko, das in dieser Modellrechnung mit EURO 30.000.000,– zu Buche schlägt.

Und das soll kein Problem sein? Es bleibt mir ein Rätsel, weshalb die in der Prozesskommunikation schlummernden Ressourcen praktisch unerkannt bleiben.

Vergleichen wir den üblichen Aufwand, der beispielsweise für die Reisekostenabrechnungen in einem Unternehmen wie der Beispiel AG anzusetzen ist, und nehmen deren Auswirkungen auf die Effizienz und Effektivität des Gesamtunternehmens hinzu, dann wird vermutlich nachvollziehbar, weshalb ich nicht müde werde, auch die ökonomische Bedeutung der Prozesskommunikation herauszustellen. Man mag sich kaum ausdenken, welche Potentiale zu heben sind, wenn die Prozesskommunikation ausdrücklich als Managementdisziplin anerkennt würde. Plötzlich würden just solche Fragen gestellt, wie sie mittlerweile in der Zentralkommunikation und seit langem in jeder anderen Managementdisziplin selbstverständlich sind, nämlich Fragen nach der Ausrichtung, Planung, Steuerung, Bewertung und Verbesserung der Prozesskommunikation. Einige Beispiele:

> Wie ist das Ziel der Kommunikationshandlung definiert, wie lauten die übergeordneten Zwecke der betreffenden Kommunikation und anhand welcher Kenngrößen lässt sich die Zielerreichung bemessen?
> Wie sind Kommunikations-, Prozess- und Unternehmensziele verknüpft?
> Wer ist von der geplanten Prozesskommunikation und ihren angestrebten Resultaten in welcher Weise betroffen und muss deshalb unmittelbar in die Kommunikation eingebunden werden? Wer ist über die Kommunikationsergebnisse zu informieren – und wer nicht?
> Welche Art von Kommunikation ist zu welchem Prozessschritt am besten geeignet? Beispiele: Kann der Informationsweg über ein Workflowsystem gesichert werden, sodass eMail-Korrespondenz überflüssig wird? Braucht es wirklich umfangreiche Meetings oder reichen Kurzbesprechungen im kleinen Kreis?

> Welche Standards sollen für die Kommunikation gelten? Beispiel: Welche Anforderungen stellen Menschen wie Frau Scheffin an die Planung, Moderation, Ergebnissicherung und Nachbearbeitung von Meetings im eigenen Verantwortungsbereich?

Die interne Kommunikation vom Kopf auf die Füße stellen

Ich habe nicht nur einmal feststellen müssen, dass gerade die Kommunikationsprofis Schwierigkeiten haben, die Relevanz der Prozesskommunikation nachzuvollziehen. Eine Ursache dürfte darin liegen, dass die beiden Kommunikationsbereiche der Zentralkommunikation und Prozesskommunikation in gewisser Weise zusammenfallen: Wer Zentralkommunikation plant, tut dies kommunizierend. Es ist ein bisschen wie bei den Fischen, denen es mutmaßlich nicht leicht fiele, Wasser zu beschreiben. «Das ist nicht unsere Aufgabe», höre ich, wenn es um die Prozesskommunikation geht. Tatsächlich? Wer beansprucht denn, «Macher» der internen Kommunikation zu sein? Deutet sich da womöglich Ignoranz, gar Arroganz an? Auch die interne Kommunikation wird auf «make or buy» untersucht – reicht es auch künftig, die eigene Rolle weiterhin auf die als interne Medienmacher zu reduzieren? Ich prognostiziere, dass es nicht mehr lange dauern wird, bis Controller die Relevanz der Prozesskommunikation erkennen. Für die Profis der Zentralkommunikation ergibt sich daraus die Notwendigkeit eines nächsten Schritts in Richtung Professionalität: Es bedarf der Fähigkeit des Perspektivwechsels hin zu den Adressaten ihrer Zentralkommunikation. Vor Ort, also im Alltag der Prozesskommunikation wird genau diese Professionalität benötigt, die in der Zentralkommunikation selbstverständlich geworden ist. Damit entsteht eine neue Rolle für die Kommunikationsabteilungen, nämlich die Rolle interner Kommunikationsberater im Sinne der Facilitation: Es gilt, die Akteure in ihrer alltäglichen Kommunikation zu unterstützen.

Im dritten Teil meiner Auseinandersetzung mit dem Management der internen Kommunikation möchte ich anhand einer Idealwelt mit optimierter Prozesskommunikation anhand der «Beispiel AG» aufzeigen, wie die Prozesskommunikation mit der Zentralkommunikation und den Kommunikationstrainings in einem ganzheitlichen Kommunikationsmanagement koordiniert sein sollte, um relevante Verbesserungspotentiale heben zu können. ■

III.3
Teil 3:
Ideale Verhältnisse in der Beispiel AG

Nehmen wir mal an, alles stünde zum Besten mit der internen Kommunikation. Wie sähe das aus? Was hätte man berücksichtigt und welche Maßnahmen wären umgesetzt? Ich möchte ein Szenario idealer Verhältnisse anhand der Fallstudie der «Beispiel AG» skizzieren. Die Fallstudie ist also konstruiert, basiert aber auf konkreten Erfahrungen, die in Projekten für reale Unternehmen gewonnen wurden. Um den Rahmen nicht zu sprengen, werde ich mich auf 3 Aspekte des internen Kommunikationsmanagements konzentrieren:

1. Besprechungen und Meetings
2. Prozesskommunikation
3. Kommunikationsmanagement und Kommunikationstrainings.

Zuvor ist es jedoch erforderlich, das Unternehmen «Beispiel AG» vorzustellen.

> **Kurzportrait eines Unternehmens, das es nicht gibt: Beispiel AG**
>
> Die Beispiel AG sei ein deutsches Industrieunternehmen, das neben 2 deutschen weitere Standorte in der Welt betreibt. Die Zentrale sowie die verschiedenen Querschnittsfunktionen wie Unternehmensplanung, Controlling, die Unternehmenskommunikation und die Produktentwicklung befinden sich am ursprünglichen Firmensitz in Norddeutschland. Vor rund 3 Jahren gab es einen Wechsel im Vorstand. Damit einher ging eine neue Unternehmensstrategie, die sich auf die Produktstrategie, die Marktaktivitäten und insbesondere auf die unternehmensinterne Kommunikation auswirkte. Persönliche Berichte schildern, wie man startete und zu besseren Lösungen kam.

1. Besprechungen und Meetings

> Der Produktionsleiter: «Bis vor 2 Jahren habe ich fast nur in irgendwelchen Meetings gesessen. Mindestens die Hälfte davon war überflüssig und nahezu alle dauerten viel zu lange. Das hat sich zum Glück deutlich geändert.»
> Ein Gruppenleiter aus dem Einkauf: «Zuerst haben wir unternehmensweit sämtliche Regelbesprechungen zusammengetragen, die es gab. Versehen mit Merkmalen wie ‹Ziel der Besprechung›, ‹Standardthemen›, ‹regelmäßige Teilnehmer› oder auch ‹Meeting-Verantwortlich› mussten wir feststellen, dass wir sehr oft gar kein richtiges Ziel für die Besprechung definiert hatten, dass niemand richtig zuständig war und dass viele Besprechungen dieselben

Themen parallel verfolgt haben. Als wir die Themen mit den Teilnehmern abglichen stellten wir fest, dass häufig wichtige Personen fehlten, aber dafür manche Teilnehmer thematisch kaum betroffen waren.»

> Die Federführung für dieses als sehr dringend identifizierte Problem hatte eine Mitarbeiterin der Kommunikationsabteilung: «Wir haben die Meetings nicht nur reduziert, wir haben jedes Meeting gestrafft. Viel zu häufig wurde Besprechungszeit für Rechtfertigungsdebatten oder auch zur Selbstprofilierung missbraucht. Sehr harte Regeln, die wir zunächst mühsam durchsetzen mussten, haben uns weiter geholfen. Beispielsweise haben wir den Besprechungstyp ‹Status-Meeting› definiert, der sich besonders gut für tägliche Absprachen zu konkreten Aufgaben, schnittstellenreichen Maßnahmenpaketen oder Projekten eignet. Mit Hilfe von Post-it-Zetteln wird nur sehr kurz der Arbeitsstand berichtet und auf einem großen Whiteboard bis zum Status ‹fertig› weitergeschoben. Kommt ein Thema nicht voran, wird auch das im Team festgestellt, denn durch längere Laufzeit wird mehr Kapazität gebunden als vorgesehen. Das baden alle aus. Natürlich wollen sich die Betroffenen rechtfertigen und erklären, weshalb andere schuldig sind. Doch das wird sofort unterbunden. Die nähere Klärung, die zur Ursachenanalyse und entsprechenden Interventionen führt, findet nämlich anschließend im kleineren Kreis mit der Führungskraft und den unmittelbar Betroffenen statt, aber nicht mit allen. Dieses Vorgehen haben wir uns beim modern gewordenen ‹Agilitäts-Management› abgeschaut.»

> Auch der Entwicklungsleiter meldet Erfolg: «In unserer Bereichsrunde haben wir uns zwei Dinge angewöhnt, die wirklich hilfreich waren: Wir wechseln uns von Termin zu Termin mit der Moderation ab. Damit ist sehr viel mehr

Commitment für unser Meeting entstanden, denn alle haben erkannt, dass wir alle für den Kommunikationserfolg verantwortlich sind. Außerdem haben wir einen einfachen Protokollstandard vereinbart, der sofort erkennen lässt, welche Maßnahmen seit dem letzten Meeting hätten erledigt werden sollen. Die Konsequenz, mit der wir unseren eigenen Beschlüssen nachgehen, erzeugt Ernsthaftigkeit und Konzentration – niemand muss mehr ermahnt werden, sein Smartphone beiseite zu legen. Und alle kommen immer pünktlich!»

2. Prozesskommunikation

> Die Qualitätsmanagementbeauftragte berichtet: «Wir hatten lange Jahre viel Mühe damit, so etwas wie ‹Prozessdenke› in das Unternehmen zu bringen. Nach und nach führten wir Kennzahlen zu den Schlüsselprozessen ein, sodass eine echte Prozesssteuerung möglich wurde. Deshalb trauten wir unseren Augen nicht, als die Analyse unserer Wertschöpfungsprozesse mit Schwerpunkt auf deren kommunikative Anteile erhebliche Verbesserungspotentiale ergab. So mussten wir an vielen Stellen erkennen, dass wir sehr unterschiedliche Auffassungen über die Hol- und Bringschuld bezüglich wichtiger Informationen hatten. Das war eine der Hauptursachen für das verbreitete Gefühl, nie ausreichend informiert zu sein. Informations- wie auch Entscheidungswege waren in einem Ausmaß strittig, wie wir es nicht für möglich gehalten haben.»

> Der Leiter der Instandhaltung: «Unsere Maschinen müssen intensiv gewartet werden, weil es sonst zu gravierenden Ausfällen kommt. Aber sehr häufig stellte uns die Produktion nicht die Maschinen bereit. Hauptargument: Wir müssen produzieren. Erst in einem ziemlich offenen und zwi-

schendurch heftigen Dialog haben wir gemeinsam mit der Produktion herausgefunden, warum es immer wieder Streit gab: Die Instandhaltungsplanung war unzureichend mit der Produktionsplanung abgestimmt. Keiner wusste vom anderen, welche Ziele jeweils zu erreichen waren. Das lag vor allem an den unterschiedlichen Planungssystemen, die wir benutzt haben. Es dauerte seine Zeit, bis wir jeweils bereit waren, die aus je individueller Sicht sehr gute Insellösung zugunsten einer für alle Beteiligten gemeinsam besten Lösung aufzugeben. Rückblickend kann niemand mehr verstehen, dass wir so lange blind für die mangelhafte Kommunikation als Hauptursache der Probleme waren.»

> Die Leiterin des Bereichs Controlling, die das Thema «Prozesskommunikation» verantwortet: «Hier stehen wir noch am Anfang, denn wir beginnen erst jetzt zu ahnen, welche enormen Ressourcen die Verbesserung der Prozesskommunikation bietet.»

3. Kommunikationsmanagement und Kommunikationstrainings

> Der Leiter der Personalentwicklung: «Niemand konnte glauben, dass wir die Vermittlung von Kommunikationswerten und für uns wichtigen persönlichen Verhaltensstandards faktisch den Trainern überlassen haben. Ich wurde gefragt, in welcher Form sich unsere im Unternehmensleitbild verankerten Werte und Prinzipien in den Kommunikationstrainings wiederfinden. Und musste schließlich einräumen: gar nicht. Wir haben Trainingsleistungen eingekauft, die auf dem Markt eine gute Reputation hatten. Aber sie hatten nur wenig mit dem zu tun, was wir wichtig und richtig finden. Genau das haben wir

geändert. Jeder Trainer, den wir für Kommunikationstrainings beauftragen, muss beweisen, dass er in der Lage ist, unsere Standards zu vermitteln. Sonst verliert er seinen Auftrag oder bekommt ihn gar nicht erst.»

> Die Leiterin der Unternehmenskommunikation: «Wir mussten zunächst erkennen, dass das Gebot respektvoller Kommunikation auch uns selbst einschließt. In der Vergangenheit hatten wir gerade zur Personalentwicklung ein eher gespanntes Verhältnis, weil beide Seiten die Themenhoheit für die interne Kommunikation beanspruchten. Hier einen wirklich konstruktiven Neuanfang zu schaffen fiel nicht leicht. Aber es hat sich gelohnt, denn die deutlich verbesserte interne Kommunikation wirkt sich auch auf die Wahrnehmung unserer externen Kommunikationsaktivitäten aus.»

> Eine Führungskraft aus der IT: «Mir war bis vor kurzem nicht klar, dass es für mich als Führungskraft nicht allein darauf ankommt, gut und überzeugend mit meinen Leuten kommunizieren zu können. Vielmehr bin ich auch als ‹Kommunikationsmanager› gefordert, der seine Mitarbeiter dazu anleitet, ihre eigenverantwortliche Kommunikation zielführend zu planen und auszuführen. Seitdem ich das Training als ‹Kommunikationsmanager› absolviert habe, verstehe ich mich überwiegend als ‹Kommunikationsermöglicher›. Denn an den meisten Kommunikationsprozessen, die meine Leute ausführen, bin ich gar nicht direkt beteiligt. Die brauchen mich also nicht als Kommunikator, sondern als jemand, der bestmögliche Voraussetzungen für erfolgreiche Kommunikation schafft und eher als Coach unterstützt.»

Die stille Ressource: Ganzheitliches Management der internen Kommunikation

Wie gesagt: Diese Aussagen sind konstruiert. Aber sie beruhen auf realen Erfahrungen, die in unseren Projekten zum Management der internen Kommunikation immer wieder geäußert wurden. Sie haben es also mit «Docu-Fiction» zu tun: Anhand konkreter, jedoch verfremdeter und anonymisierter Praxisbeispiele wird aufgezeigt, welche enormen Potentiale ein umfassend angelegtes, ganzheitlich verstandenes Management der internen Kommunikation bietet.

III.4
Ist da noch wer? Neue Zielgruppen für die interne Kommunikation

«Waaaas? Rund 50 %?» Die Verantwortliche für die interne Kommunikation staunte nicht schlecht, als sie erfuhr, dass in der Produktion fast die Hälfte aller Mitarbeiter keine fest angestellten, sondern externe Fachkräfte waren. Davon waren die meisten als Zeitarbeitnehmer zwar nur über einen bestimmten Zeitraum beschäftigt und der Rest als wiederkehrender Dienstleister (z. B. für Instandhaltungstätigkeiten) oder als Werkverträger in Projekte eingebunden. Aber die «Zugehörigkeit» vieler dieser «externen Internen» zum Unternehmen war oftmals deutlich länger als gedacht. Genau diese Zielgruppe aber spielte im besagten Unternehmen keinerlei Rolle für die interne Kommunikation: Sie wurde schlicht übersehen. Vor dem Hintergrund der Digitalisierung dürfte sich das Thema noch weiter zuspitzen.

Multi-Targeting durch Digitalisierung: die externen Internen

Es gehört zum ganz kleinen Einmaleins des Kommunikationsmanagements, dass es vor einer Kommunikationsmaßnahme gilt, die Zielgruppe zu definieren. Stellt man aber in IK-Bereichen die Zielgruppen-Frage, lautet die stirnrunzelnde Antwort häufig: «Unsere Zielgruppe sind natürlich die internen Mitarbeiter und Führungskräfte, also alle, die Zugang zu unseren internen Medien haben.» Wer jedoch glaubt, dass allein diese Personen Zugang zu internen Medien haben, irrt. Und das nicht erst seit gestern.

Schon seit langem ist in vielen Unternehmen festzustellen, dass der Anteil der fest angestellten Mitarbeiter zurückgeht. Viele Aufgaben werden heutzutage an Projektteams übertragen, in denen neben den unternehmenseigenen Kollegen auch externe Spezialisten, nicht selten auch Lieferanten und sogar Kunden mitwirken – global verteilt, versteht sich. Da sitzen die Zentrale in Deutschland, das Innovationszentrum in Asien und die IT in Osteuropa, da sind Sales-Regionen über die Welt verteilt. Allein diese Verteilung bedeutet eine erhebliche Diversität in den Projektteams. Dazu kommen eben die Spezialisten aus anderen Unternehmen, kommen die Lieferanten und womöglich auch Kunden: Divers aufgestellte Projektstrukturen mit externem Fachpersonal bedeuten ein Plus an Agilität und können obendrein in ihrer kapazitativen Ausstattung flexibel an den Bedarf angepasst werden. Zudem ist es für die spätere Implementierung der gefundenen Lösung ausgesprochen hilfreich, ein Projektteam breit aufzustellen.

Für die interne Kommunikation folgt daraus jedoch, dass sehr unterschiedliche Zielgruppen im Interesse des eigenen Unternehmens tätig sind – und deshalb kommunikativ betreut werden müssen. Mancher «externe Interne» ist aufgrund «seines» IT-Projekts möglicherweise für 2 oder mehr Jahre im Unternehmen tätig und muss schon aufgrund der Bedeutung des Projekts in der unternehmensinternen Kommunikation berücksichtigt werden. Ein «interner Interner» ist er deshalb noch lange nicht. Weitere Komplexität ergibt sich, wenn über die gezielt eingesetzten Dienstleister hinaus auch Geschäftspartner wie Lieferanten und Kunden zumindest temporär innerhalb des Projekts und damit in der Organisation tätig werden: Auch diese Personen stellen potentielle Zielgruppen der organisationsinternen Organisation dar.

Daraus ergibt sich eine Vielzahl von Fragen. 3 wichtige Aspekte seien herausgegriffen:

1. Ziele: Welche kommunikativen Bedürfnisse haben «externe Interne» und wie unterscheiden sie sich von den Bedürfnissen der «internen Internen»? Ebenso ist zu fragen, welche orientierenden Vorgaben zum kommunikativen Verhalten die externen Internen wissen sollten, damit sie angemessen an den kommunikativ getragenen Prozessen teilnehmen können.
2. Medien: In welcher Form sind die «externen Internen» kommunikativ zu adressieren und welche Medien bzw. Kanäle sollen zur Verfügung gestellt werden?
3. Inhalte: Wie werden den temporär gebundenen Externen kommunikative Werte und Gepflogenheiten vermittelt, die im internen wie externen Kommunikationsverkehr zu beachten sind? Denn häufig agieren diese Personen nach außen, als seien sie angestellte Mitarbeiter – und so werden sie von außen durchaus wahrgenommen.

Wenn ich in IK-Bereichen solche Fragen stelle, stoße ich überwiegend auf Erstaunen (s. o.) sowie auf eine gewisse Wurschtigkeit: «Die haben doch Zugriff auf das Intranet, da können die doch alles lesen.» Das aber stimmt ganz einfach nicht, denn die Zugriffe sind für Externe meistens sehr genau geregelt und eben auch eingeschränkt. Zudem ließe sich fragen, ob es nicht eine förderliche Willkommensgeste wäre, wenn auch die externen Internen spezifisch bedient würden. Ich meine durchaus, dass man es sich da ein bisschen zu einfach macht – gerade auch vor dem Hintergrund der zunehmenden Digitalisierung, die weiter zur Auflösung klarer Strukturen und eindeutig definierter Organisationszugehörigkeit beiträgt.

Digitalisierung löst klare Zugehörigkeitsgrenzen der Organisation auf

Natürlich gilt es im Blick zu behalten, dass sich die digitale Transformation abhängig vom Geschäftsmodell, von der Branche, von den Strukturen und prozessualen Rahmenbedingungen sowie von der strategischen Ausrichtung höchst unterschiedlich auswirkt. Während eine Internetbank naturgemäß längst «durchdigitalisiert» ist, sieht sich ein mittelständischer Maschinenbauer mit ganz neuen Fragestellungen rund um «Industrie 4.0» konfrontiert. Dennoch wirft digitale Transformation allerorts ähnliche Fragen auf, die insbesondere das Kommunizieren innerhalb der Organisation betreffen. Ein zentraler, gleichwohl bislang deutlich unterkomplex behandelter Aspekt ist eben die hier thematisierte Auflösung einer klar definierten Zielgruppe für die interne Kommunikation.

Einfache Lösung wäre möglich

Dabei wären erste Schritte ausgesprochen einfach zu bewerkstelligen. Stets unter Beachtung gesetzlicher Vorgaben (ich denke etwa an Gesetze zur Arbeitnehmerüberlassung oder Scheinselbständigkeit) dürfte es ein Leichtes sein und obendrein wenig Kosten produzieren, wenn man für die «externen Internen» ein eigenes (Sub-) Portal bereitstellte. Plausible, nützliche Inhalte wären etwa die Einführung in Vision, Mission sowie Unternehmensleitbild, die Verpflichtung auf kommunikationsrelevante Standards (etwa Konventionen für Mails wie Signatur, Stil, Umgang mit der cc-Funktion usw.) oder Hinweise auf wichtige Anlaufpunkte (virtuell wie auch physisch) und Ansprechpartner (beispielsweise bezüglich Arbeitssicherheit).

Ein solches Portal ist lediglich Beispiel für manch weitere, vergleichsweise unaufwendig einsetzbare Instrumente der internen Kommunikation. Ich bin gespannt, wie lange es dauert, bis die externen Internen als Zielgruppe interner Kommunikation angemessen betreut werden. ■

III.5
Ohne Drumherum wird's schwer. Warum kommunikative Verständigung auf geteiltem Kontext basiert

Stellen Sie sich vor, Sie sitzen im Auto auf dem Beifahrersitz. Auf dem Fahrersitz befindet sich Ihre junge Tochter, die demnächst ihre erste Fahrstunde für den Führerschein haben wird. Es geht darum, auf einem Privatgelände allererste Kenntnisse über die Bedienung des Autos zu vermitteln: Bremse und Gas, Schalten, Lenken, Blinker, Scheibenwischer usw. Sie erklären, weisen auf die Bedienelemente und weil ein bisschen Platz ist, soll die Fahrnovizin neben Ihnen sogar ein paar Meter fahren (natürlich nur auf dem Privatgelände). Nach 3x Abwürgen klappt es sogar und weil es regnet, gelingt es obendrein, den Scheibenwischer in Gang zu setzen. «Das macht aber Spaß», freut sich die Tochter, und bedankt sich für die guten Erläuterungen. Recht hat die junge Dame, denn Sie haben sich in Ihren Schilderungen darauf eingestellt, dass es für den Anfang nicht zu kompliziert oder detailliert wird: Einer präzisen Schilderung der technischen Funktionsweise eines Verbrennungsmotors bedarf es in dieser Situation nicht.

Und jetzt stellen Sie sich vor, Sie würden die Bedienung des Fahrzeugs derselben Person mit denselben Worten erklären, aber ohne dass Sie beide im Auto sitzen oder auch nur Fotos des Fahrzeuginnenraums mit den Bedienelementen vor sich hätten.

Sicherlich sind wir uns einig, dass sich auf keinen Fall dieselbe Verständigung erzielen ließe und Spaß stellte sich vermutlich auch nicht ein. Worauf ich hinauswill: Präzise Wortwahl und zielgruppengeeignete Ansprache sorgen nicht automatisch (sic!) für Verständigung. Es ist vielmehr der Kontext, also das materielle Umfeld, das die Verständigung erfolgreich macht. Ich kann auf etwas zeigen, während ich erkläre («das ist der Blinkerhebel»), die andere Person kann dasselbe tun, um Rückfragen zu stellen («ach so, aber wenn das der Blinker ist, wo ist dann nochmal der Scheibenwischerhebel?») und aufgrund der gemeinsam erlebten Ausführung von Handlungen können begleitende Erläuterungen helfen («nicht so viel Gas geben und die Kupplung langsamer kommen lassen!»).

Geteilter Kontext ermöglicht Verständigung

Wir halten fest: Verständigungserfolg ist eher möglich, wenn es gemeinsame Bezugs- bzw. Referenzpunkte gibt. Sind diese Referenzpunkte materieller Art und befinden wir uns zur selben Zeit am selben Ort, dann ist es am einfachsten: Wir können auf das zeigen, das wir soeben erklären, wir können vielleicht eine gemeinsam erlebte Erfahrung ansprechen etc. Das, auf das wir uns kommunikativ beziehen, fungiert als Referenzpunkt: Wir referenzieren auf etwas (referre = sich auf etwas beziehen). Zusammengenommen bilden alle für die konkrete Kommunikationssituation relevanten Referenzpunkte den Kontext.

Doch auch dann, wenn wir keine geteilte, materiell basierte Wahrnehmungssituation zur Verfügung haben, kann es verständigungserleichternden Kontext geben. Man denke an ein Telefonat wie in diesem Beispiel:

> Ich bemerke leider erst eine Stunde nach Aufbruch zu einer mehrtägigen Dienstreise, dass ich meine Lesebrille zu Hause vergessen habe. Oder habe ich sie auf dem Weg zum Auto verloren?

> Schnell rufe ich meine Frau auf ihrer Arbeitsstelle an und bitte sie: «Wenn Du nachher zu Hause bist, dann schau doch bitte auf meinem Schreibtisch nach, ob dort meine Brille liegt. Falls nicht, dann schau bitte auf dem kleinen Schränkchen links von der Garderobe. Letzte Hoffnung ist dann noch der Weg zwischen Haus und Parkplatz, aber diesmal habe ich die rechte Treppe genommen.»
> In einem solchen Telefonat kann ich davon ausgehen, dass meine Frau im selben Moment wie ich eine (räumliche) Vorstellung hat, wo sie suchen soll. Beide befinden wir uns nicht am fraglichen Ort, aber beide wissen wir hinreichend darüber und außerdem wissen wir, dass der andere weiß.

Deutlich wird, dass die Verständigung über das zu Erledigende nur unter Bezug auf den in diesem Beispiel immateriellen, weil nur imaginiert geteilten Kontext (weder meine Frau noch ich befinden uns zum Zeitpunkt des Telefonats in den Räumlichkeiten) gelingen kann.

Warum es nicht ausreicht, sich klar auszudrücken

Ob Führungskraft oder Mitarbeiter, alle müssen permanent kommunizieren, um ihren Aufgaben nachkommen zu können. Deshalb werden in den Unternehmen seit vielen Jahren nahezu flächendeckend Kommunikationstrainings über alle Organisationsebenen angeboten. Vermittelt werden Prinzipien wie diese:

1. Mach dir vor deiner Äußerung das Ziel deiner Kommunikation klar.
2. Rede klar, verständlich und nicht zu kompliziert.
3. Nutze zur Unterstützung deines Sprechens deine nonverbalen Möglichkeiten.

Nichts daran ist falsch, aber es greift zu kurz. Was allzu häufig ausgeblendet wird, ist die Notwendigkeit eines geteilten Kontextes, sei er materieller oder immaterieller Art (oder eine Mischform daraus). Selbst die perfekteste Mitarbeiteransprache erreicht wenig, wenn es keinen geteilten Kontext gibt. Diese Erkenntnis hat Folgen – übrigens nicht nur für die Kommunikation im Betrieb.

Grundsätzlich gilt: Vor dem Kommunizieren sollten wir überlegen, welchen Kontext wir mit unseren Kommunikationspartnern teilen und was daran unstrittig ist. Eine Auswahl von Fragen und Aspekten, die bei der Kontextklärung helfen können:

> Welches Vorwissen kann ich beim Anderen voraussetzen rund um das, was ich mitteilen möchte?
  > Wenn ich mir unsicher bin: Wie kann ich das durch kurze Fragen zu Beginn der Kommunikation (oder sogar vorher) klären?
> Welche geteilten materiellen oder immateriellen Referenzpunkte gibt es, auf die ich mich während der Kommunikation stützen kann?
  > Beispiele: ein gemeinsam betrachtetes Objekt; eine im Moment der Kommunikation geteilte Erfahrung (etwa: eine Umgebungsbedingung ändert sich und wir beide spüren es); eine geteilte Erinnerung; ein geteiltes Vorwissen, das ich zu Recht als beim Anderen verfügbar annehmen kann.
> Welche Aspekte des geteilten Kontextes sind unstrittig, welche nicht?
  > Geteilter Kontext ist nicht gleichzusetzen mit übereinstimmender Auffassung: Sehr wohl können wir fachlich über denselben Kenntnisstand verfügen, aber

dennoch unterschiedliche Auffassungen über die Bewertung, über die zu ziehenden Konsequenzen etc. haben.

Diese Fragen und Aspekte markieren lediglich den Beginn der Auseinandersetzung mit dem geteilten Kontext. Je nach Situation und abhängig von den kommunikativen Absichten werden weitere, ebenso wichtige Aspekte zu klären sein, damit die kontextualen Voraussetzungen für einen maximal möglichen Verständigungserfolg in der Kommunikation zur Verfügung stehen.

Kommunikation erfordert Kontext-Management

Die Sache mit dem Kontext lässt sich auch so ausdrücken: Mit unseren Äußerungen fordern wir eigentlich permanent dazu auf, die Aufmerksamkeit auf materielle oder immaterielle Bezugspunkte zu lenken. Der Kommunikationspartner muss also zum Gesagten ständig etwas hinzufügen: sein Vorwissen, seine Kenntnisse oder auch seine unmittelbaren und direkten Sinneseindrücke (insbesondere bei geteilten materiellen Referenzpunkten). Damit besteht Kommunikation nie nur aus dem, was wir an der Oberfläche wahrnehmen, also den geäußerten Wörtern und ihrer nonverbalen Begleitung. Kommunikation wird daneben und darüber hinaus getragen durch eine hochkomplexe Koordination von Kontext. Je besser diese Koordination gelingt, umso wahrscheinlicher ist Verständigung. Damit lässt sich folgern: Erfolgreiche Kommunikation erfordert immer auch Kontext-Management. ■

IV.

Qualität, QM und Co.

IV.1
Qualität, Kommunikation und Kommunikationsqualität.
Teil 1:
Warum «Qualität» immer auch ein Resultat von Kommunikation ist

Na? Überschrift gelesen und den Kopf geschüttelt, weil Qualität doch schließlich in der Produktion bzw. im Zuge der Dienstleistung entsteht? Ok, das bestreite ich nicht. Aber es braucht ein ganzes Bündel von Kommunikationen, damit einem Produkt oder einer Dienstleistung (oder Kombinationen daraus) «Qualität» zugesprochen werden kann. Für manchen mag das abwegig klingen, doch stehe ich mit dieser Auffassung keineswegs allein. Im Gegenteil, internationale Standards zum Qualitätsmanagement sehen das mindestens implizit genauso.

Was ist Qualität?

Zunächst braucht es eine Definition dessen, was mit «Qualität» gemeint ist. Ich lege die Begriffsbestimmung zugrunde, die sich in dem weltweit anerkannten Standard ISO 9000 in der aktuellen Version aus dem Jahr 2015 findet: Qualität wird dort bestimmt als «Grad, in dem ein Satz inhärenter Merkmale (...) eines Objekts (...) Anforderungen (...) erfüllt.» Daraus folgt, dass Qualität das Ergebnis eines Vergleichs ist, nämlich des Vergleichs der einem Objekt innewohnenden Merkmale (anders ausgedrückt: die Eigenschaften, die ein Produkt bzw. eine Dienstleistung hat) mit den Anforderungen, die das Objekt erfüllen soll. Das heißt aber auch, dass ein und dasselbe Objekt in einem Fall als «erfüllt die geforderte Qualität zu 100 %» eingestuft werden kann und in einem anderen Fall nicht: Es hängt von den Anforderungen ab.

> Beispiel Aprikosenmarmelade: Wer als Anforderung an Aprikosenmarmelade für sich festlegt, dass die Marmelade preiswert, als großes Glas erhältlich und lange haltbar sein soll sowie nach Aprikose schmecken muss, wird sicherlich beim Discounter fündig: Aldi und Co. werden dann zu Qualitätslieferanten.
> Wer dagegen eine Aprikosenmarmelade bevorzugt, die aus biologisch angebauten Aprikosen, jedoch ohne Konservierungsstoffe hergestellt sein soll, bei besonderem Geschmack keine Zuckerzusätze enthält und in einem ansprechenden Verpackungsdesign daherkommt, dem dürfte die Aldi-Marmelade, die eben noch ein Qualitätsprodukt war, nicht genügen. Dieser Jemand wird eher im Feinkost- oder Bioladen fündig (bei deutlich höherem Preis).

Ausschlaggebend für das Qualitätsurteil ist also nicht einfach das Produkt, sondern das Ergebnis des Vergleichs von Produkt mit den jeweiligen Anforderungen.

Qualität = Erfüllung definierter Anforderungen! Aber wie entstehen Anforderungen und wie werden sie wirksam?

Ich konzentriere mich im Weiteren auf das Kunden-Lieferanten-Verhältnis im b2b-Geschäft. Jenseits von einfachen Gebrauchsgütern u. ä. werden zu liefernde Produkte hier in aller Regel auf Basis von Anforderungen gefertigt. Diese Anforderungen stellt der Kunde an seinen Lieferanten. Ein erster Kommunikationspfad wird sichtbar: jener, über den die Anforderungen vom Kunden an den Lieferanten kommuniziert werden.

Aber die Anforderungen des Kunden entstehen nicht einfach so. In aller Regel sind sie das Ergebnis von mehr oder weniger aufwendiger, mehr oder weniger erfolgreicher Kommunikation. Denn an einer Anforderungsdefinition innerhalb des Unternehmens sind mehrere Funktionsbereiche beteiligt: der eigentliche Bedarfsträger (z. B. die Produktionsabteilung), der Einkauf, vielleicht der F&E-Bereich, das Marketing usw. Nicht selten wird um die Anforderungen an einen einzusetzenden Rohstoff oder an ein Bauteil hart gerungen (um 2 Beispiele aus der Praxis herauszugreifen). Denn es ist vollkommen klar, dass der Preis steigt, wenn vom Lieferanten besondere Qualität, zusätzliche Eigenschaften oder ein anschließender Service angefordert werden. Somit zeigt sich ein weiterer, dem soeben identifizierten vorgeschalteter Kommunikationspfad: jener, in dem die am Beschaffungsprozess beteiligten Stellen innerhalb des Kundenunternehmens die Anforderungen im Detail aushandeln, bevor der (hoffentlich) erreichte Konsens an den Lieferanten kommuniziert werden kann.

Und es geht weiter: Die vom Kunden überreichten Anforderungen müssen durch den Lieferanten auf Machbarkeit bewertet werden. Vielleicht sind einzelne Details zu klären, um frühzeitig mögliche Missverständnisse gegenüber dem anfordernden Kunden ausräumen zu können. Vielleicht ergibt sich in den Verhandlungen sogar die Notwendigkeit, dass die Anforderungen modifiziert werden müssen. Außerdem muss der Lieferant kommunikativ klären, welche Bereiche innerhalb seiner Organisation in welcher Weise zur Erfüllung der Anforderung beizutragen haben. Erst wenn diese vielfältigen Kommunikationen zu einer von allen Seiten akzeptierten Anforderung geführt wurden, können die Vertragsverhandlungen – die selbstverständlich ebenfalls nichts anderes als Kommunikation sind – abgeschlossen werden.

Damit haben wir mindestens 3 kommunikative Sequenzen identifiziert, die das spätere Qualitätsurteil entscheidend beeinflussen (siehe auch Grafik):

1. die Kommunikationen, die kundenseits stattfinden müssen, um die Anforderung festzulegen (Anforderung a1);
2. die Kommunikationen, durch die diese Anforderung dem Lieferanten mitgeteilt wird;
3. die Kommunikation, die beim Lieferanten zur Interpretation und Umsetzung der Anforderung stattfindet einschließlich des kommunikativen Aktes der Bestätigung der Annahme. Dabei kann sich die Anforderung durchaus ändern (Anforderung a2). Die Bestätigung erfolgt üblicherweise in Form eines Vertrages, dessen Aushandlung weitere kommunikative Sequenzen erfordert, die ich hier jedoch (etwas vergröbernd) unter dieser 3. kommunikativen Sequenz führe.

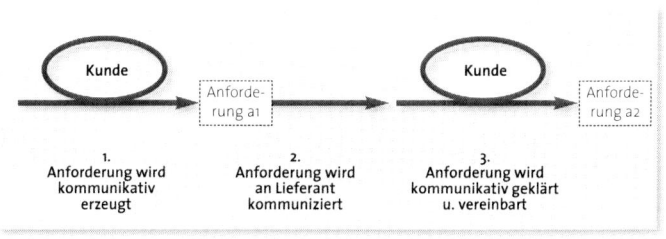

Kommunikative Produktion der Anforderung als Grundlage des späteren Qualitätsurteils
Grafik: G. Wolf

Wir halten fest, dass bereits 3 kommunikative Sequenzen stattgefunden haben, bevor der erste Handschlag für das Produkt selbst getan ist – und dass ich lediglich 3 kommunikative Sequenzen aufzeige, liegt daran, dass ich es hier übersichtlich halten will. In der Praxis kann es deutlich mehr Iterationen geben, gerade in der aufgezeigten 3. Sequenz.

Vergleich von Anforderung und gelieferter Qualität sowie Abnahme der Leistung: weitere kommunikative Sequenzen

Wir überspringen an dieser Stelle die Produktions- bzw. Dienstleistungsprozesse beim Lieferanten und betrachten den «Moment of Truth»: Das Produkt bzw. die Dienstleistung liegt vor und wird nun hinsichtlich der Qualität bewertet. Hierzu müssen die zuvor vertraglich vereinbarten Anforderungen mit den tatsächlichen Eigenschaften verglichen werden. Niemand dürfte erstaunt sein, wenn ich auch diesen Vergleich als «kommunikativ getragen» beschreibe. Sicherlich wird in vielen Fällen mithilfe gesicherter Methoden etwas gemessen und wenn alles klar ist (z. B.: alle Anforderungen eindeutig und nachweisbar erfüllt bzw. eindeutig und nachweisbar nicht erfüllt), dann ist alles klar. Der letzte Akt ist auch in diesem Fall ein kommunikativer, denn üblicherweise wird eine Abnahmeerklärung oder eine andere Form der Akzeptanz rechtsfähig dokumentiert. Pragmatisch gesehen bündelt ein solches Dokument gegenüber dem Lieferanten die Aussage: «Wir bestätigen, dass Ihr Produkt unseren Anforderungen entspricht.»

Aber in Zweifelsfällen (in denen Toleranzschwellen berührt sind) oder bei Dienstleistungen ist nicht immer unmittelbar ersichtlich, ob die Anforderungen in akzeptabler Weise erfüllt wurden, sodass die Leistung etwa durch eine Abnahmeerklärung akzeptiert werden kann. Schon wieder sehen wir kommunikativ getragene Prozesse, an deren Ende die Entscheidung über die Akzeptanz der gelieferten Qualität steht.

Qualität ist also immer auch ein kommunikativ erzeugter Zustand. Was sofort die Frage aufwirft: Wie steht es um die Qualität der Kommunikation?

IV.2
Teil 2:
Kommunikationsqualität

Soeben wurde aufgezeigt, dass die Qualität eines Produkts, einer Dienstleistung oder einer Kombination daraus (ich fasse alle Möglichkeiten fortan unter «Produkt») immer auch das Ergebnis von Kommunikation ist. Anforderungen an den Lieferanten werden beim Auftraggeber in Sequenzen interner Kommunikationen erzeugt und an den Lieferanten kommuniziert. Dort werden sie abermals zum Gegenstand vielfältiger Kommunikationssequenzen, werden in Klärungsgesprächen mit dem Auftraggeber diskutiert, vielleicht modifiziert, ausgehandelt und schließlich in vertraglicher Form festgeschrieben.

Wenn aber die Kommunikation maßgeblich für die Qualität ist, wie steht es dann um die Qualität der Kommunikation? Vor allem: Wer fühlt sich zuständig dafür, diese zentrale Ressource mit einem professionellen Managementansatz zu betreuen? Nennen wir diese Funktion vorläufig «Beauftragter für Kommunikationsqualität» – wer könnte dies sein?

«Wir machen die Unternehmenskommunikation.»

In größeren Unternehmen und Konzernen lässt bereits ein rascher Blick ins Organigramm vermuten, wo eine Funktion wie der «Beauftragte für Kommunikationsqualität» platziert sein müsste: Es kann doch wohl nur die «Kommunikationsabteilung» sein. Dort, so könnte man annehmen, liegt die Zuständigkeit für Kommunikation und deren Qualität.

Die Praxis zeigt: falsch gedacht. In aller Regel kümmern sich Kommunikationsbereiche um die zentralseitig ausgelöste bzw. betreute Kommunikation. Als «Sprachrohr der Unternehmensleitung» stehen solche Kommunikationen im Mittelpunkt, die sich beschreiben lassen als «one to many». In Form von Pressemitteilungen, Imagekampagnen, Social Media-Aktivitäten oder der Betreuung des Intranets, der Mitarbeiterzeitung, interner Events usf. «spricht» hier das Unternehmen als Einheit, repräsentiert durch den Vorstand bzw. die Geschäftsführung. Fraglos eine strategisch außerordentlich bedeutende Funktion.

Doch eine Verantwortung für die Kommunikationen, die mannigfaltig im Zuge der Prozessausführung stattfinden und deren Relevanz für die Qualität ich hier aufzeige, wird von den Kommunikationsabteilungen nicht beansprucht. Ich weiß das deshalb ziemlich genau, weil ich in mittlerweile fast 30 Berufsjahren in vielen Unternehmen und Konzernen danach gefragt habe. Noch nie erhielt ich die Antwort, dass eine Kommunikationsabteilung so etwas wie Leadership, zumindest aber eine kuratierende Funktion für Prozesskommunikation wahrnimmt (über Prozesskommunikation habe ich mich bereits mehrfach geäußert, z. B. hier: *https://axon-blog.de/management-der-organisationsinternen-kommunikation-teil-1-der-stoff-aus-dem-die-unternehmen-sind_45/*; s.o. Kap. III.1–III.3). Es wird nicht einmal die Notwendigkeit gesehen, dass die Kommunikation, die – ich weiß, dass ich mich wiederhole – maßgeblich für die Qualität und damit für den Unternehmenserfolg ist, in irgendeiner Form Gegenstand von Managementmethoden wird: «Das ist Aufgabe der Bereiche und ihrer Führungskräfte und wie die das machen, ist deren Sache», höre ich. Und: «Wir sind hier zuständig für die Unternehmenskommunikation!»

Manchmal frage ich zurück: «Sie sind also zuständig für die Unternehmenskommunikation, nicht aber für die Kommunikation im internen wie externen Geschäftsverkehr. Wenn es nicht das eigene Unternehmen ist, das kommunizierend beispielsweise die Qualitätsanforderungen an Lieferanten festlegt, das diese Anforderungen an den Lieferanten kommuniziert, diese aushandelt und schließlich Verträge schließt – wer ist es sonst?» Natürlich gibt es darauf keine plausible Antwort. Achselzuckend wird in der Regel wiederholt, dass diese Kommunikation den Bereichen obliege. Das «kommunizierende Unternehmen» gibt es also mindestens zweimal:

> zum einen als kommunizierendes Etwas, das die Zentralkommunikation durch eine zentrale Stelle ausführen lässt; das ist die Kommunikationsabteilung oder wie immer die Funktion bezeichnet wird;
> zum anderen als kommunizierendes Etwas, das in vielfältiger und leider allzu häufig unkoordinierter Weise kommuniziert – nicht zuletzt dann, wenn es um die Erzeugung von Qualität geht. Hier kommuniziert, wer auch immer an den Abläufen beteiligt wird. Das ist längst nicht jeder, der einzubinden wäre. Dafür sind oftmals auch solche involviert, die eigentlich keine (Prozess-) Rolle spielen.

Wieso die Bedeutung der Prozesskommunikation derart übersehen wird, ist und bleibt mir ein Mirakel. Ein Versuch, meine Verzweiflung über diesen offenbar auf ewig weiterbestehenden blinden Fleck zum Ausdruck zu bringen, sei mit diesem Vergleich unternommen: Stellen wir uns Kommunikation als eine Ressource vor, die wie ein Treibstoff die Abläufe und Prozesse eines Motors überhaupt erst ermöglicht. Der Motor, der ohne den Treibstoff nicht funktionieren kann, wird eingesetzt, um etwas zu bewegen, also um Ziele zu erreichen. Damit bestimmt jener Treibstoff immer auch die Qualität der Zielerreichung. Ohne diesen Treibstoff passiert ganz einfach nichts. Wenn aber die Qualität dieses Treibstoffs nicht stimmt, dann ruckelt der Motor, und wenn der Treibstoff nicht überall dorthin gelangt, wo er benötigt wird, dann fallen diese Bereiche aus. Es liegt also ausgesprochen nahe, dass sich Menschen um diesen so bedeutenden Treibstoff und dessen Qualität kümmern. Womit wir wieder bei der oben mit leiser Ironie angesetzten Funktion eines bzw. einer «Beauftragten für Kommunikationsqualität» landen. (Bei dieser Gelegenheit ein Hinweis: Ich meine diese Funktion nicht wirklich ernst. Mit dieser Überspitzung will ich darauf hinweisen, dass sich in der Regel niemand für so etwas wie Kommunikationsqualität zuständig sieht.) Hand auf's Herz: Es ist doch eigentlich kaum vorstellbar, dass eine derart zentrale Ressource allein auf persönlichem Dafürhalten und individuellen Vorlieben beruht. Oder sehen Sie das anders? Dennoch ist das die anzutreffende Praxis und zwar nahezu überall.

Trauriger Befund: die Kommunikationsqualität ist ein Zufallsprodukt

Wenn schon jene, die sich professionell mit Kommunikation befassen, diese in ihrem prozessbezogenen Aufkommen gar nicht als eine Ressource begreifen, die ihrer fachlichen Expertise bedarf, dann wundert es kaum, dass die sich selbst überlassene Kommunikation eben ist, wie sie ist: mal besser, mal schlechter. Es hängt davon ab, wer eingebunden ist. Einige wenige in meiner Beratungspraxis erlebte Beispiele im Zusammenhang des Qualitäts- und Prozessmanagements, die allesamt anonymisiert wurden, mögen illustrieren, zu welchen Problemen unprofessionelles bzw. gar nicht erst stattfindendes Kommunikationsmanagement führt:

> Auf Seiten des Kundenunternehmens werden wichtige Stakeholder nicht in die kommunikative Klärung der Anforderungen eingebunden.
> Meetings, die der fachlichen Klärung von einander widersprechenden Anforderungen dienen (z. B. Kosteneinsparung vs. Qualität der zu beschaffenden Teile), werden als Arena persönlicher Selbstdarstellung sowie für die Austragung von Abteilungskonflikten genutzt.
> Beschlüsse werden nicht sorgfältig dokumentiert, sodass kein gesichertes Ergebnis vorliegt. Daraus folgen umfängliche und ressourcenfressende Klärungsbedarfe.
> Die Ansprechpartner gegenüber dem Lieferanten sind nicht eindeutig festgelegt. Deshalb kann der Lieferant später mit Recht darauf hinweisen, dass er unterschiedliche Antworten auf seine Fragen erhalten hat. Haftungs- und Gewährleistungsansprüche aufgrund gelieferter nicht-Qualität können kaum noch durchgesetzt werden.

Und so weiter. Es geht also keineswegs allein um Moderationsfähigkeiten, Präsentationstechniken, Verhandlungsführung oder Konfliktgespräche, die sicherlich durch Kommunikationstrainings vermittelbar sind. Es geht auch um so etwas wie Kommunikationsarchitekturen: Wer ist wann einzubinden, wie werden Beschlüsse herbeigeführt und wie werden diese gesichert, wer hat welche kommunikative Funktion nach innen bzw. nach außen (z. B. als zentraler Ansprechpartner für den Lieferanten) und so fort. Diese Fragen werden durchaus beantwortet, nämlich in den Prozessbeschreibungen. Die Kommunikation wird jedoch nahezu immer als eine unproblematisch gegebene, quasi automatisch mitlaufende Ressource betrachtet, die ihrerseits keiner Qualitätsanalyse bedarf.

Kommunikationsqualität nur mit Kommunikationsmanagement

Heutzutage finden wir in den Kommunikationsabteilungen exzellent ausgebildete Menschen, die sehr wohl in der Lage wären, Lösungsansätze für Probleme wie die soeben aufgeführten bereitzustellen. Aber sie sehen sich nicht in der Pflicht, wie gezeigt. Wer mir nicht glaubt, frage im eigenen Unternehmen (oder sich selbst, so Sie in einer Kommunikationsabteilung tätig sind). Suchen wir in anderen Bereichen nach einem «Center for Competence» (um das mit dem «Beauftragten» wieder sein zu lassen) in Sachen Kommunikationsmanagement, dann landen wir wieder beim Zufall: Irgendjemand identifiziert das Thema als relevant und findet Lösungen, die womöglich sogar ausgezeichnet funktionieren. Das aber sind Insellösungen, die zufällig und mit Glück zustande kommen und lediglich in einem bestimmten Bereich gelten. Mit einem seriös angelegten, unternehmensweit etablierten und systematisch betriebenen Kommunikationsmanagement hat das wenig zu tun. Kommunikationsqualität wird gar nicht erst als ein Gegenstand anerkannt, der eines zielgerichteten Managements bedürfte.

Dabei verschärft sich die Problematik noch. Denn seit einiger Zeit halten Organisationsmodelle in den Unternehmen Einzug, die unter dem Label «Agil» bzw. «Agile Management» geführt werden. Agilität (die zuweilen daher kommt wie eine neue Zauberformel, welche die aus der Mode gekommene Vokabel «Flexibilität» ersetzt) wird allerorten als geeigneter Weg angesehen, um den Herausforderungen des digitalen Zeitalters zu begegnen. Es sei dahingestellt, ob das ohne weiteres gilt. Tatsache ist, dass mit agilen Arbeitsweisen ein zusätzlicher Kommunikationsbedarf entsteht, der besondere Anforderungen an die Kommunikation stellt. Das macht auch vor der Qualität nicht halt. Einige Gedanken zu einem «agilen Qualitätsverständnis» und den Implikationen für die Kommunikation werde ich im dritten Teil vorstellen.

IV.3
Teil 3:
Agilität – Qualität – Kommunikation

Kurzer Rückblick auf die bisherigen Kernthesen meiner Auseinandersetzung mit dem Verhältnis zwischen Qualität und Kommunikation. Die ersten beiden Teile zeigen auf:

> Die Qualität eines Produkts, einer Dienstleistung oder einer Kombination daraus ist immer auch Ergebnis vielfältiger Kommunikationsprozesse (Teil 1).
> Obwohl kaum jemand die Bedeutung der Kommunikation auch im Zusammenhang von Qualität und Qualitätsmanagement bestreitet, gibt es in den wenigsten Unternehmen eine explizite Zuständigkeit für die Kommunikationsqualität (Teil 2).

Dabei nimmt die Bedeutung der (internen) Kommunikation in Zeiten digitaler Transformation weiter zu – und das macht vor dem Qualitätsmanagement nicht halt.

Zunehmend stehen Arbeitsformen und Organisationsmodelle im Mittelpunkt, die unter dem Label «Agil» bzw. «Agile Management» geführt werden. Grundlage ist ein im Jahr 2001 von 17 erfahrenen Softwareentwicklern veröffentlichtes «Manifesto for Agile Software Development», das seit einigen Jahren auf Projektmanagement und sogar Unternehmensführung übertragen wird. Bei rasender Verbreitung scheint Agilität zur neuen Allzwecklösung aufgestiegen zu sein, um in einer «VUCA-World» (über «VUCA» habe ich mich bereits mehrfach geäußert, s. o. etwa Kap. II.1) bestehen zu können.

Eine tiefergreifende Auseinandersetzung mit Agilität soll an dieser Stelle nicht stattfinden, denn es geht mir um die Konsequenzen für Qualität und Qualitätsmanagement, die aus dem eigentlich gar nicht so neuen Konzept folgen. Ich werde aufzeigen, dass eine sich unvorhersehbar wandelnde Erwartungshaltung der Kunden zu immer neuen Qualitätspositionierungen zwingt, die wiederum nur kommunikativ auszuhandeln sind. Um aber dem «immer mehr» an qualitätsbezogener Kommunikation überhaupt gewachsen zu sein, bedarf es gleichzeitig einer deutlich stringenter, effizienter und effektiver aufgesetzten (internen) Kommunikation. Höchste Zeit also, das Dreiecksverhältnis «Agilität – Qualität – Kommunikation» näher zu betrachten.

Qualitätsanforderungen werden agil

Gerade im b2c-Geschäft sind die Anbieter mit einer höchst beweglichen, immer besser informierten und gleichzeitig schnell gelangweilten Kundenklientel konfrontiert. Verwöhnt durch das enorme Entwicklungstempo bei Smartphones und Apps, aber auch durch die ständig einfacher werdende Teilhabe an virtuellen Communities auf Social Media-Plattformen erwarten die Kunden in eigentlich allen Bereichen eher (positive) Überraschungen als zuverlässige Qualität: Letztere wird unhinterfragt vorausgesetzt. Dieser Trend gilt ähnlich im b2b-Geschäft. Auch hier dürften Positionierungen wie «Seit 125 Jahren sind wir der zuverlässige und solide Partner unserer Kunden» nur noch spezielle Kundengruppen überzeugen. Am

Ende steht, dass sich Kundenanforderungen heutzutage sehr schnell ändern. Auf diese veränderte Situation müssen sich die Anbieter einstellen – und zwar in ihrem Qualitätsmanagement und damit auch hinsichtlich ihres Kommunikationsmanagements.

So müssen die Kommunikationswege zwischen Vertrieb, Marketing und weiteren «Kunden-Sensoren» auf der einen sowie den Entwicklungs-, Produktions- und eben auch Qualitätsbereichen auf der anderen Seite schneller und kürzer werden. Konsequenterweise setzen agil arbeitende Organisationen und Projekte täglich stattfindende, nur wenig Zeit in Anspruch nehmende «Stand-up-Meetings» an, die in einer sehr stringenten und diszipliniert zu führenden Diskussion den Status der zu erledigenden Aufgaben festhalten. Endlose Rechtfertigungsdebatten oder PowerPoint-Schlachten sind nicht vorgesehen. Gerade in dieser stark reglementierten Art kommunikativer Meeting-Routine sehe ich einen wesentlichen Erfolgsfaktor für agiles Arbeiten.

Die eigene Qualitätspositionierung ständig überprüfen und neu definieren: der «agile Imperativ»

Die üblichen Ansätze zum Qualitätsmanagement setzen stillschweigend eine stabile, sich ab einem vertraglich vereinbarten Anforderungsdokument nicht mehr ändernde Spezifikation für die zu erbringende Leistung voraus. Genau das wird weiterhin Gültigkeit haben, in vielen Bereichen, bei vielen Produkten und Dienstleistungen. Beispielsweise dürften sich schon aus physikalischen Bedingungen zumindest die grundlegenden Anforderungen an die Statik von Bauwerken nicht substantiell ändern. Gleiches gilt für die Hygieneanforderungen an Lebensmittel, Medizinprodukte oder Arzneimittel. Und so weiter.

Doch Produkte und ihre Eigenschaften sind nicht alles. Der Kontakt zu den Kunden vor, während und nach der Leistungserbringung war schon immer elementarer Bestandteil einer weiter gefassten Qualitätspositionierung. Der Shitstorm lässt grüßen: Die enorm gestiegene Bedeutung von Social Media prägt die Qualitätswahrnehmung auf den Märkten. Wer diese Erwartungen nicht schnell bedient, wird mit seinen eigentlich soliden, anforderungsgerechten Leistungen gegenüber Wettbewerbern verlieren, die genau hier besser sind.

Es braucht also beides: zuverlässige Stabilität bei gleichzeitiger Agilität. Der «agile Imperativ», den ich hiermit auch an das Qualitätsmanagement richte, erfordert ein sowohl agiles wie stabiles Qualitätsverständnis: agil, was die Aktions- sowie Reaktionsgeschwindigkeit angeht, und gleichzeitig stabil, was den qualitativen Kern der Dienstleistung bzw. des materiellen Produkts angeht. Und selbst hier halten längst digitale Zusatzeigenschaften Einzug, die das Produkt bzw. die Dienstleistung ergänzen.

Agilität – Qualität – Kommunikation: Was daraus folgt

Agilität ist keineswegs eine Neuentdeckung. Wie gezeigt feiert der Ursprung, also das oben zitierte «Manifesto for Agile Software Development», in nicht allzu langer Zeit den 20. Geburtstag; rückblickend ist es beinahe ein Wunder, dass dieser Ansatz derart lange unbewirtschaftet blieb. Doch die Idee einer flexiblen, anpassungsfähigen Organisation existiert noch viel länger. Was nichts daran ändert, dass sich die Unternehmen am

Markt zu orientieren haben und das in einer Geschwindigkeit, die neu ist.

Der bisherige Problemexorzismus in Sachen Qualität und Qualitätsmanagement setzt allzu häufig auf Instrumente wie diese:

> sorgfältige, in der Folge jedoch risikoscheue Auseinandersetzung mit neuen Kundenanforderungen;
> abgesicherte, dadurch jedoch schwerfällig gewordene Prozesse;
> vorsichtige, aber umständlich gewordene Entscheidungsketten über mehrere Hierarchieebenen, oftmals gestützt auf vorauseilende «Klärungsrunden».

Solche Instrumente – und ich rede von realen Praktiken, nicht von idealisierten Wunschphantasien – funktionieren nur noch in Ausnahmefällen. Auch Qualität und Qualitätsmanagement müssen sich den Herausforderungen stellen, die in jedem Unternehmen längst strategisch angegangen werden. Notwendig folgt daraus, die Ressource Kommunikation endlich als Produktionsmittel anzuerkennen: für Qualität und damit für den Unternehmenserfolg. Agiles Qualitätsmanagement zwingt also dazu, Kommunikation und Kommunikationsmanagement professionell anzugehen. ▪

IV.4
Measurement & Management: Der Zahlen-Bias

Ein Satz wie ein Fels: «You cannot manage, what you do not measure!» Diese Erkenntnis dürfte mittlerweile den Status eines Naturgesetzes erlangt haben: selbstverständlich, uneingeschränkt gültig, nicht in Frage zu stellen. «Nur mit validen Daten kann ich wissen, wo mein Bereich steht, und nur wenn ich das genau weiß, kann ich meine Prozesse zielgerecht steuern.» So oder ähnlich geht die Argumentation, vorgetragen in strengem Ton und begleitet von Kopfschütteln ob der Unbotmäßigkeit, wenn doch mal nachgefragt wird. In Beton gegossene Glaubenssätze stellen für mich seit jeher einen Reiz dar, sich die Sache genauer anzusehen – in diesem Fall gerade auch als der zahlengetriebene Qualitäter, der ich bin (und bleiben werde).

Anlass ist mir das vor kurzem erschienene Buch des Berliner Soziologen Steffen Mau: «Das metrische Wir. Über die Quantifizierung des Sozialen» (1. Auflage 2017, Suhrkamp Verlag, Berlin; exakte Zitationen nehme ich nur vereinzelt vor). Ohne die wichtige und für die moderne Gesellschaft unabdingbare Funktion von Zahlen und Daten in Abrede zu stellen, setzt sich Mau kritisch mit den Begleiterscheinungen und Folgen des umfassenden, alle Lebensbereiche durchdringenden «Datenregimes im Wucherungsprozess» (ebd., S. 45) auseinander.

«Erscanne Dich selbst»

Auf Basis vielfältiger Daten, die wir zu einem nicht geringen Teil selbst beisteuern, befinden wir uns in einem permanent stattfindenden Wettbewerbszustand, der uns praktisch durchgängig in Scores, Ratings Rankings, Screenings und so fort platziert. Damit ist das aus der Antike stammende Diktum «Erkenne Dich selbst», das den Tempeleingang zum delphischen Orakel schmückte, «von einer digitalen Selbstverdatungsvariante abgelöst worden» (und stiftete diesem Abschnitt die Zwischenüberschrift; siehe ebd., S. 169). Unsere Konsumgewohnheiten, finanziellen Transaktionen, Mobilitätsprofile, Beziehungsnetzwerke, Gesundheitszustände, Bildungsaktivitäten und eben auch unsere Arbeitsergebnisse werden quantitativ protokolliert und vergleichbar gemacht. Gesellschaftlicher Rang und Status basieren zunehmend auf der Anzahl der Likes, die wir erhalten. Dieser Umstand ist mittlerweile derart selbstverständlich geworden, dass niemand mehr hinterfragt, was es für das eigene Leben und darüber hinaus für die Gesellschaft bedeutet, wenn Berechenbarkeit, Messbarkeit und Effizienz zu prägenden Kategorien werden. Tun wir nur noch das, was uns hilft, in irgendeinem Scoring nach oben zu klettern? Die bereitwillige Preisgabe von Daten aller Art, unsere kaum noch reflektierte Selbstverständlichkeit bei der Bewertung von allem und jedem belegen die Diagnose, dass sich unser Konzept der eigenen Identität grundlegend ändert – mit erheblichen gesellschaftlichen Auswirkungen.

Datenbasiert steuern – auch mal in die falsche Richtung?

Eine tiefergehende soziologische Analyse der gesellschaftlichen Entwicklungen möchte ich hier nicht unternehmen. Vielmehr möchte ich aufzeigen, dass der für jedes Unternehmen essentielle Fokus auf Zahlen und Daten immer auch Risiken produzieren kann, wenn es unreflektiert zugeht. Hinzuweisen ist sowohl auf einen methodischen als auch auf einen prinzipiellen Bias, die bei blindem Vertrauen in messbare Quantitäten auftreten können. Den englischstämmigen Ausdruck «Bias» entlehne ich dem Fachgebiet der Statistik, weil er dort sowohl für «Verzerrung» als auch für «systematischen Fehler» stehen kann – exakt das Bedeutungsspektrum, um das es mir geht.

1. Ein methodischer Bias

Dass ungünstig gesetzte quantitative Anreize zu erheblichen Fehlsteuerungen führen können, illustriert eindrucksvoll die Rattenplage in Hanoi um die Wende 19./ 20. Jahrhundert (ich folge der Darstellung bei Mau, siehe ebd., S. 214 f.). Als auch professionelle Rattenfänger die Plage nicht eindämmen konnten und zunehmend die reicheren Wohnviertel Hanois betroffen waren, forderten die französischen Kolonialherren die Bürger auf, sich an der Aktion zu beteiligen. Pro Rattenschwanz wurde eine feste Summe als Prämie ausgelobt. Doch dieser Schritt half nicht: Von nun an liefen immer mehr Ratten ohne Schwanz durch Hanoi. Zudem begannen Bürger damit, Ratten selbst zu züchten, um die Prämie kassieren zu können. Das Bewertungs- und Belohnungssystem hatte also nicht nur das Ziel nicht erreicht, sondern die Situation weiter verschärft.

Wer denkt, dass derlei nur in einer asiatischen Stadt vor mehr als hundert Jahren passieren konnte, irrt. Nicht selten habe ich in Organisationen die Strategie «Gaming the System» angetroffen. Dies ist beispielsweise dann der Fall, wenn Mittel und Wege gesucht (und häufig gefunden) werden, um die eigenen, eigentlich gar nicht ausreichenden Leistungen dennoch als positive Entwicklung erscheinen zu lassen. Etwa so: «Wenn wir am Output unserer Produktionsstraße gemessen werden, dann steigern wir diese Kennzahl, egal, ob die Qualität stimmt. Denn die ist zum Glück nicht Bestandteil des Indikators.» Daraus folgt, dass es nicht nur messbarer Indikatoren bedarf. Sie müssen darüber hinaus auch valide sein und dürfen keine falschen Anreize setzen.

2. Ein prinzipieller Bias

Gemessenen Zahlenwerten gehen stets implizite oder explizite Entscheidungen darüber voraus, was einer Messung für wert erachtet wird. Das wiederum ist Resultat von normativen Wertsetzungen: Wer beispielsweise allein auf Produktionsoutput und nicht (auch) auf Qualität ausgerichtet ist, wird letztere nicht messen. Damit hat sie keine Relevanz, jedenfalls nicht im alltäglichen Zielkonflikt einer Führungskraft. Im Umkehrschluss entsteht das Risiko, dass nur noch als wertvoll betrachtet wird, was gemessen werden kann bzw. sich in den Daten und Zahlen widerspiegelt. Ein Regime des Quantitativen kommt auf, das sich vom Diskurs über Normen und Werte abgekoppelt hat.

Ich sehe hierin eine mögliche Ursache dafür, dass manche Change-Projekte, die sich durchaus ambitioniert diesem Wertediskurs stellen, am Ende nicht viel mehr als Hochglanzbroschüren produzieren: Im Alltag zählt meistens leider doch nur, was man zählen kann.

Zahlenwerte sind nicht Werte

Es wäre aus vielen Gründen absurd, für Wirtschaftsunternehmen eine Abkehr von einem kennzahlenbasierten Management zu erwarten. Wenn «Management» immer auch «Steuerung» bedeutet, dann sind Kennzahlen die Indikatoren, anhand derer diese Steuerung rational stattfinden kann. Und doch zeigt die Praxis, dass es eine große Sehnsucht nach Selbstentfaltung und Sinn gibt. Solche qualitativen Werte sind nicht valide messbar. Die meisten von uns dürften schon erlebt haben, dass trotz guter Kennzahlen eine Organisation «nicht stimmt». Die einseitige Ausrichtung auf Quantitäten verstellt den Blick für das, was immer auch wichtig ist und den Unterschied ausmacht: für qualitative Werte. Nur wer diese einseitige Orientierung überwindet und neben der quantitativen auch eine qualitative Logik zulässt, erschließt sich die Potentiale einer ganzheitlich orientierten, über das Zählbare hinausgehenden Organisation. ■

IV.5
Silberhochzeit:
Eine Zwischenbilanz zu Qualitätsmanagement und Managementqualität

Es war der 5. Juli 1990, mein vierter Arbeitstag als angestellter Unternehmensberater, als ich mittags zum Chef gerufen wurde. Ein bereits betreuter Beratungskunde hatte sich mit einer unerwarteten Anfrage an meinen neuen Arbeitgeber gewendet: Ob man denn auch zum Thema «Qualitätssicherung und Qualitätssicherungssystem nach ISO 9001» beitragen könne? Ruckzuck war ein neues Projektteam gegründet, das im Wesentlichen aus meinem Chef und mir bestand. Ich wusste weder, um was es ging (meinem Chef ging es kaum anders), noch konnte ich ahnen, dass damit ein Thema in mein Leben trat, das mich nicht mehr losgelassen hat. Und ob Sie es glauben oder nicht: Qualität, Qualitätsmanagement und Qualitätsmanagementsysteme (seit mehr als 20 Jahren ist der Term «Qualitätssicherung» durch «Qualitätsmanagement» ersetzt) haben mich von Anfang an begeistert!

Mit Qualität überzeugen – den Vertrauensvorschuss rechtfertigen

Zum Zeitpunkt Juli 2015, als dieser Beitrag in meinem Blog erschien, waren seit jenen Julitagen 25 Jahre vergangen, fast auf den Tag genau. Meine Begeisterung hat eigentlich eher zu- als abgenommen (was sich bis heute, es ist Herbst 2018, nicht geändert hat). Ich finde es immer noch faszinierend, Unternehmen bei der Suche nach neuen Antworten auf durchaus altbekannte Fragen zu unterstützen. Beispiele:

> Was erwarten unsere Kunden von uns und unseren Produkten?
> Wie können wir das herausfinden und wie lassen sich aus den Erkenntnissen Lösungen gewinnen, die unsere Kunden begeistern?
> Wie können wir unsere internen Abläufe und Methoden bestmöglich koordinieren, sodass wir zuverlässig, schnell und gleichzeitig jederzeit anpassungsbereit agieren, sobald sich neue Erkenntnisse ergeben?

Finden Sie diese Fragen originell oder überraschend? Ich nicht: Qualität sollte eine Selbstverständlichkeit sein. Kauft ein Kunde ein Produkt oder eine Dienstleistung, so kann er zum Zeitpunkt des Kaufs oft nicht ausreichend einschätzen, ob seine Erwartungen eingelöst werden. Das stellt sich erst im Laufe der Zeit, also bei der Benutzung des Produkts, heraus. Mit dem Kauf erbringt ein Kunde zunächst einen Vertrauensvorschuss. Werden seine Erwartungen erfüllt oder gar übertroffen, sieht er sein Vertrauen gerechtfertigt: Das Qualitätsversprechen wurde eingelöst. Wird er jedoch enttäuscht, dann kann das erhebliche Folgen haben. Noch mehr als zu früheren Zeiten sind enttäuschte Kunden heutzutage ein Risiko. Wer seine negativen Erfahrungen teilen will, greift auf vielfältige Kommunikationskanäle mit ungeheurer Reichweite zu. Deshalb (und aus manch anderen Gründen) ist Qualität etwas, das kein Unternehmen dem Zufall überlassen darf.

Niemand möchte auf Zufall oder Glück angewiesen sein, wenn er ein Produkt erwirbt oder eine Dienstleistung in Anspruch nimmt: Weder als Krankenhauspatient noch als Fluggast noch als Bediener einer Bohrmaschine wollen wir allein auf das Glück angewiesen sein, dass just heute die OP-Standards bezüglich der Hygiene eingehalten werden, dass das Flugzeug ausnahmsweise technisch abgesichert ist oder wir bei Inbetriebnahme der Bohrmaschine zufälligerweise keinen Stromschlag erhalten.

Qualität als Ergebnis absichtsvollen Handelns in einer Organisation sicherzustellen ist eine komplexe Aufgabe. Je größer und differenzierter die Organisation aufgestellt ist, desto vielfältiger sind die Strukturen und Prozesse, die indirekt oder direkt die Qualität der Ergebnisse beeinflussen. Es braucht nicht viel Fantasie für die Gewissheit, dass ein systematischer Ansatz, der die gesamte Organisation über alle Bereiche und Hierarchien einbindet, unabdingbar ist. Einen solchen Ansatz bezeichnet man auch als «Qualitätsmanagementsystem» (QM-System). Wie ein Betriebssystem sorgt es dafür, dass die angestrebte Qualität systematisch erreicht wird – Tag für Tag.

Qualität prima …

Seit den frühen 1990er Jahren haben sich sehr viele Unternehmen daran gemacht, ihre Abläufe und Strukturen mithilfe eines QM-Systems (neu) zu koordinieren und auf einen höheren Reifegrad zu heben. Manche tun sich gar nicht schwer damit, denn aufgrund einer langen «Qualitätstradition» verfügen sie bereits über ausgezeichnete Voraussetzungen für ein wirksames QM-System.

Doch solange Qualität nicht als permanenter Anspruch in den alltäglichen Abläufen konkret und nachweisbar erzeugt wird, bleibt ein QM-System abstrakt und am Ende unwirksam. Mit leichtem Pathos wird dies formuliert als «Das QM-System muss gelebt werden.»

Stimmt, aber das kann anstrengend werden. Denn die Beachtung der vereinbarten Prozeduren bedarf immer auch persönlicher Disziplin und Konsequenz. Spätestens dann, wenn Zielkonflikte oder auch Nachlässigkeiten auftreten, kommt die Führung ins Spiel: Fordert das Management konsequent die Einhaltung der selbst definierten Qualitätsstandards ein? Damit einher geht die Frage nach dem Commitment des Managements, das auch in Sachen Qualität eine Vorbildrolle wahrzunehmen hat. Pointiert gefragt: Wie tragen eigentlich die Manager selbst zur Qualität bei?

… Managementqualität mangelhaft?

Genau hier findet sich ein Problem, das sich bedauerlicherweise auch nach 25 Jahren keineswegs erledigt hat. Qualitätsmanagement setzt Managementqualität voraus. Es macht mich nach wie vor fassungslos, wenn Manager bis auf Geschäftsführungs- bzw. Vorstandsebene gegenüber dem Qualitätsmanagement so tun, als hätten sie damit nichts zu tun. Ablehnung und Widerstand werden allerdings selten offen geäußert, denn damit fiele man auf. Es sind eher die selbst begangenen, gleichwohl aber von Mitarbeitern beobachteten Verstöße gegen Geist und Buchstaben von Qualitätsstandards, in denen eine die ablehnende Haltung zum Ausdruck kommt. «Die predigen Wasser und trinken Wein»: Wenn Mitarbeiter zu dieser Erkenntnis kommen, dann dauert es nicht lange und sie folgen diesem denkbar schlechten Vorbild. Niemand braucht sich dann noch zu wundern, wenn das einst feierlich zertifizierte QM-System keinen konkreten Nutzen stiftet. Wie ein Zombie existiert es in einer Parallelwelt, die weitgehend abgekoppelt vom realen Tagesgeschäft ihr Dasein fristet.

Qualitäter wissen das alles schon seit vielen Jahren. Nicht wenige haben sich aufgerieben bei ihren verzweifelten Versuchen, das Management ihrer Organisation doch noch für das zu motivieren, was ein selbstverständliches Anliegen sein müsste: das unbedingte und vorbildhaft gelebte Engagement für Qualität. Resigniert heißt es am Ende: «Der Fisch stinkt vom Kopf.» Ich gehe davon aus, dass sich das auch in den nächsten 25 Jahren nicht ändern wird. Was mich jedoch nicht davon abhält, meine Verbindung zu dem Thema aufrechtzuerhalten: Eine Scheidung kommt nicht in Frage. ∎

LETZTE WORTE

DER AXON-NEWSLETTER UND SEINE ZITATE

Nicht von Beginn an, aber bald danach begann ich damit, den Newsletter, der auf das Erscheinen eines neuen Blog-Posts hinweist, mit einem kleinen Zitat zu versehen, das mehr oder weniger zum Inhalt passt. Zuweilen hatte ich den Eindruck, dass das Zitat mehr Aufmerksamkeit als mein Text generierte. Die Jubiläumsausgabe anlässlich des 50. Blog-Posts, die im September 2016 erschien, versammelte alle Zitate, die entweder im Newsletter oder aber im Text der Blog-Posts standen. Seitdem sind weitere Blog-Posts erschienen, sodass an dieser Stelle die Sammlung auf den aktuellen (Gesamt-) Stand gebracht wird. Zur Einstimmung ein paar Zahlen, die auf bedenkliche Tendenzen bezüglich der Zitateauswahl hinweisen. Oder hätten Sie gedacht, dass es eine Liste geben kann, in der Lothar Matthäus fast gleichauf mit Albert Einstein liegt?

Zitierte Weisheiten in Zahlen

> - Anzahl der Zitate von Dichtern, Philosophen und Naturwissenschaftlern: 18
> - Anzahl der Zitate von Sportlern: 31; davon Fußballspieler: 30
> - Anzahl Zitate von Albert Einstein: 5
> - Anzahl Zitate von Lothar Matthäus: 3
> - Anzahl der Zitate von Managern großer Automobilkonzerne: 3
> - Anzahl der Zitate von Spaßvögeln: 5
> - Anzahl der Jahre, die vergangen sind, seit ich erstmals solche Gegenüberstellungen in der Zeitschrift Brand 1 sah: ca. 15.

«Es hört doch jeder nur, was er versteht.»
Johann Wolfgang von Goethe

«Wir wissen nicht einmal ein Millionstel Prozent der Dinge.»
Thomas Alva Edison

«Ich weiß nicht immer, wovon ich rede.
Aber ich weiß, dass ich Recht habe.»
Muhammad Ali, The Greatest

«Das wichtigste ist,
dass man sich den Kopf nicht vollmacht.»
Pierre-Michel Lasogga, HSV-Stürmer

«Es gibt zu viele Wichtigtuer, die nichts Wichtiges tun.»
Friedrich Dürrenmatt

«Kein Problem kann mit den Methoden gelöst werden,
die es erzeugt haben.»
Frei nach Albert Einstein

«Unsere Fehlschläge sind oft erfolgreicher
als unsere Erfolge.»
Henry Ford

«Der Intellekt hat ein scharfes Auge für Methoden und
Werkzeuge, aber er ist blind gegen Ziele und Werte.»
Albert Einstein

«Wer immer tut, was er schon kann,
bleibt immer das, was er schon ist.»
Henry Ford; zitiert nach VDA-Newsletter Herbst 2015

«Business ist nichts weiter
als ein Knäuel menschlicher Beziehungen.»
Lee Iacocca, ehemaliger CEO bei Ford und später bei Chrysler

«Zu 50 Prozent stehen wir im Viertelfinale,
aber die halbe Miete ist das noch lange nicht!»
Rudi Völler, ehemaliger Fußballnationalspieler und -trainer

«Wer ein Auto mit 100 PS führen möchte,
braucht einen Führerschein. Wer hundert Mitarbeiter führen
möchte, braucht nur: hundert Mitarbeiter.»
Aus Spiegel online

«Es ist schwieriger eine vorgefasste Meinung
zu zertrümmern, als ein Atom.»
Albert Einstein

«Fortschritt ist der Weg vom Primitiven
über das Komplizierte zum Einfachen.»
Wernher von Braun

«Interessante Gesprächspartner
setzen einen klugen Gesprächspartner voraus.»
Herbert George Wells

«Schaunwamal.»
Franz Beckenbauer, Weltmeister,
Weltmeistertrainer, ehemaliger Präsident von
Bayern München und Medienereignis

«Das nächste Spiel ist immer das nächste.»
Matthias Sammer, ehemaliger Fußballnationalspieler;
zuletzt Vorstandsmitglied des FC Bayern München

«Wir dürfen jetzt nicht den Sand in den Kopf stecken.»
Lothar Matthäus, ehemaliger Rekordfußballnationalspieler
und mittlerweile Bewohner seiner eigenen Welt

«Wir lassen uns nicht nervös machen,
und das geben wir auch nicht zu!»
Olaf Thon, ehemaliger deutscher Fußballnationalspieler

«Es ist nicht immer alles wahr, was stimmt.»
Stefan Wessels, seinerzeit Fußballtorhüter beim FC Köln,
über die Wechselgerüchte zu Lukas Podolski

«Es ist schon verrückt, was der Fußball aus mir macht.»
Oliver Kahn, ehemals deutscher Fußballnationaltorhüter

«Wenn ich übers Wasser laufe, dann sagen meine Kritiker:
Nicht mal schwimmen kann er.»
Berti Vogts, deutscher Fußballnationaltrainer
und Fußballspieler

«Ich bin Optimist. Sogar meine Blutgruppe ist positiv.»
Toni Polster, österreichischer Fußballnationalspieler

«Ein Lothar Matthäus braucht keine dritte Person.
Er kommt sehr gut allein zurecht.»
 Lothar Matthäus, deutscher Rekordnationalspieler
und Fußballtrainer

«Hass gehört nicht ins Stadion.
Solche Gefühle soll man gemeinsam mit seiner Frau
daheim im Wohnzimmer ausleben.»
Berti Vogts, ehemaliger Nationaltrainer
und früherer Nationalspieler

«Das Unmögliche möglich zu machen
wird ein Ding der Unmöglichkeit.»
Andi Brehme, deutscher Fußballtrainer
und früherer Nationalspieler

«Man darf jetzt nicht alles so schlecht reden, wie es war.»
Fredi Bobic, deutscher Fußballmanager
und früherer Nationalspieler

«Fußball ist Ding, Dang, Dong. Es gibt nicht nur Ding.»
Giovanni Trappatoni, italienischer Fußballtrainer

«Das ist Schnee von morgen.»
Jens Jeremies, deutscher Nationalspieler

«Wir müssen gewinnen, alles andere ist primär.»
Hans Krankl, österreichischer Nationalspieler und Trainer

«Mein Problem ist, dass ich immer sehr selbstkritisch bin,
auch mir selbst gegenüber.»
Andy Möller, deutscher Fußballtrainer
und ehemaliger Fußnationalballspieler

«Ich wage mal eine Prognose:
Es könnte so oder so ausgehen.»
Ron Atkinson, englischer Fußballspieler und -trainer

«Doppelpass alleine? Vergiss es!»
Lukas Podolski

«Es ist wichtig, dass man neunzig Minuten
mit voller Konzentration an das nächste Spiel denkt.»
Lothar Matthäus

«Wie so oft liegt auch hier die Mitte in der Wahrheit.»
Rudi Völler

«Ich mache nie Voraussagen
und werde das auch niemals tun.»
Paul Gascoigne, früherer englischer Fußballnationalspieler

«Fußball ist wie Schach. Nur ohne Würfel.»
Lukas Podolski, deutscher Fußballnationalspieler
(jedoch in Wirklichkeit nicht von Podolski selbst,
sondern diesen imitierend von Jan Böhmermann,
der Podolski eine Zeit lang parodierte)

«Die Arche Noah wurde von einem Amateur gebaut,
die Titanic von Profis.»
Vermutlich von dem kanadischen Humoristen
Richard J. Needham

«Wenn man keine Ahnung hat: einfach mal – Fresse halten.»
Dieter Nuhr, deutscher Kabarettist

«Ich weiß, dass ich nicht weiß.»
Sokrates

«Wir müssen das Unbeherrschbare vermeiden
und das Unvermeidbare beherrschen!"
Hans Joachim Schellnhuber, deutscher Klimaforscher und
Direktor des Potsdam-Institut für Klimafolgenforschung,
im Jahr 2006

«Mit dem Führen im Unternehmen ist es wie mit dem Frauenzersägen im Zirkus: Man muss es nicht tatsächlich tun, sondern nur möglichst spektakulär vortäuschen.»
Frei nach einem Fund bei Spiegel online

«Wahrhaft groß ist der, der jedem das Gefühl gibt,
groß zu sein.»
Gilbert Keith Chesterton (1874–1936),
englischer Schriftsteller und Journalist;
u. a. Autor der Kriminalromane um die Figur «Pater Brown»

«Stop making sense.»
Titel eines Konzertfilms der Band Talking Heads
aus dem Jahr 1982

«Man muss die Dinge so einfach wie möglich machen.
Aber nicht einfacher.»
Albert Einstein

«Unsere Chancen stehen 70 zu 50.»
Thorsten Legat, ehemaliger Fußballprofi, mittlerweile Trainer, Dschungelcamper und Medienereignis

«Zuerst hatten wir kein Glück,
und dann kam auch noch Pech dazu.»
Jürgen Wegmann, ehemaliger Bundesligaspieler

«Nihil est in intellectu, quod non prius fuerit in sensu
(nichts ist im Geiste, das nicht vorher in den Sinnen war).»
Thomas von Aquin, ca. 1225–1274

«Luftschlösser brauchen keine Baugenehmigung.»
Heinz Strunk, in Titanic 07/ 2016

«Die Erinnerung an vergangene Handlungen
macht uns für die zukünftigen klug.»
Etwas frei nach Plutarch von Chäronea (ca. 46–120 n. Chr.),
antiker griechischer Geschichtsschreiber und Philosoph

«Nicht alles, was zählt, kann gezählt werden,
und nicht alles, was gezählt werden kann, zählt.»
Albert Einstein

«Wenn man schon Dummheiten macht,
müssen sie wenigstens gelingen."
Napoleon Bonaparte

«Oh, baby, it's a wild world.»
Textzeile aus einem 1970 erschienenen Hit
des Singer-Songwriters Cat Stevens,
der mittlerweile unter «Yusuf» firmiert

«Ich will mich nicht mit fremden Fehlern schmücken.»
Unbekannte Mitarbeiterin einer mir persönlich bekannten
Führungskraft eines sehr bekannten Konzerns

«Lebbe geht weider.»
Im Jahr 1992 geäußertes, eigentlich unsterbliches Lebens-
prinzip von Dragoslav Stepanović, dem serbischen Fußballer
und späteren Fußballtrainer von (u. a.) Eintracht Frankfurt

«Qualität ist, wenn die Kunden zurückkommen
und nicht die Produkte.»
Geflügeltes Wort

«Alles ist schon einmal gesagt worden, aber da niemand zuhört, muss man es immer von neuem sagen.»
André Gide (1869–1951),
französischer Schriftsteller und Literaturnobelpreisträger

«Zum Glück hatten wir Glück.»
Rui Costa, ehemaliger portugiesischer Fußballspieler

«Man muss nicht immer das Salz in der Suppe suchen.»
Philipp Lahm, ehemaliger Kapitän des FC Bayern München
und der deutschen Fußballnationalmannschaft,
im April 2016 zum mühsamen 2:2 bei Benfica Lissabon

«Keine Ahnung ist kein Argument.»
(etwas leichtfüßige Übersetzung des Originals:
«ignorantia non est argumentum»)
Baruch de Spinoza (1632–1677, niederländischer Philosoph)

«Wenn konsequent, dann konsequent konsequent.»
Der deutsche Fußballtrainer Thomas Tuchel im Jahr 2017,
zu der Zeit noch Cheftrainer bei Borussia Dortmund,
über die aus disziplinarischen Gründen verhängte
Suspendierung des Spielers Pierre-Emerick Aubameyang
für ein Champions-League-Spiel

«Je geringer das Wissen, desto sicherer das Urteil.»
Rainer Hermann am 31.08.2018 in der FAZ,
als Rezensent von Thilo Sarazzins Buch
«Feindliche Übernahme»

Die Erscheinungsfolge der im vorliegenden Sammelband zusammengestellten Blog-Posts:

I. Führung, Macht und Management:
#52, #53, #70, #59, #42

II. Kontext, Ziele, Sinn:
#63, #72, #37, #54, #44

III. Interne Kommunikation:
#45, #46, #47, #69, #60

IV. Qualität, QM und Co.:
#66, #67, #68, #61, #36.

Guido Wolf bei cleevesmedia

«Vielen Dank für die Antwort.
Aber wie lautet die Frage?»
Paperback I 120 Seiten
12,99 EUR (D), 13,40 EUR (A)
ISBN 978-3-9451-8210-9
E-Book I 8,99 EUR (D), 9,10 EUR (A)
ISBN 978-3-9451-8200-0

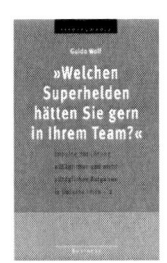

«Welchen Superhelden
hätten Sie gern in Ihrem Team?»
Paperback I 120 Seiten
12,99 EUR (D), 13,40 EUR (A)
ISBN 978-3-9451-8214-7
E-Book I 8,99 EUR (D), 9,10 EUR (A)
ISBN 978-3-9451-8204-8

Die Provence bei cleevesmedia

Die Krimireihe um commissaire Luc Vidal, dem eigensinnigen Ermittler der Police nationale aus Avignon

Tom Burger I **Grün. Le vert de la Provence**
Paperback I 286 Seiten
12,89 EUR (D), 13,30 EUR (A)
ISBN 978-3-0004-1039-0
E-Book I 6,49 EUR (D), 6,60 EUR (A)
ISBN 978-3-0004-0710-9

Tom Burger I **Das Bücherhaus**
Paperback I 266 Seiten
12,89 EUR (D), 13,30 EUR (A)
ISBN 978-3-9451-8212-3
E-Book I 6,49 EUR (D), 6,60 EUR (A)
ISBN 978-3-9451-8202-4

Tom Burger I **Der Schöne Mann**
Paperback I 258 Seiten
12,99 EUR (D), 13,40 EUR (A)
ISBN 978-3-9451-8217-8
E-Book I 7,99 EUR (D), 8,30 EUR (A)
ISBN 978-3-9451-8207-9

10 Wochen Nr. 1 auf der Amazon-Bestsellerliste
E-Books «Reiseführer nach Themen»

Tom Burger I **Tatort Provence**
Paperback I 120 Seiten I 4-farbig
64 Farbfotos und 9 Karten
15,99 EUR (D), 16,50 EUR (A)
ISBN 978-3-9451-8216-1
E-Book I 9,99 EUR (D), 10,10 EUR (A)
ISBN 978-3-9451-8206-2

Reiseführer zu den Tatorten der Bände 1 und 2 der Reihe